Elisabeth Stückradt

Das Dispositiv des Alter(n)s

Zur Regierung der Psyche
zwischen Aktivierung und Ausschließung
im Kontext der Sozialen Arbeit

Diplomica Verlag

Stückradt, Elisabeth: Das Dispositiv des Alter(n)s. Zur Regierung der Psyche zwischen Aktivierung und Ausschließung im Kontext der Sozialen Arbeit, Hamburg, Diplomica Verlag 2023

Buch-ISBN: 978-3-96146-951-2
PDF-eBook-ISBN: 978-3-96146-451-7
Druck/Herstellung: Diplomica Verlag, Hamburg, 2023

Bibliografische Information der Deutschen Nationalbibliothek:
Die Deutsche Nationalbibliothek verzeichnet diese Publikation in der Deutschen Nationalbibliografie; detaillierte bibliografische Daten sind im Internet über http://dnb.d-nb.de abrufbar.

Das Werk einschließlich aller seiner Teile ist urheberrechtlich geschützt. Jede Verwertung außerhalb der Grenzen des Urheberrechtsgesetzes ist ohne Zustimmung des Verlages unzulässig und strafbar. Dies gilt insbesondere für Vervielfältigungen, Übersetzungen, Mikroverfilmungen und die Einspeicherung und Bearbeitung in elektronischen Systemen.

Die Wiedergabe von Gebrauchsnamen, Handelsnamen, Warenbezeichnungen usw. in diesem Werk berechtigt auch ohne besondere Kennzeichnung nicht zu der Annahme, dass solche Namen im Sinne der Warenzeichen- und Markenschutz-Gesetzgebung als frei zu betrachten wären und daher von jedermann benutzt werden dürften.

Die Informationen in diesem Werk wurden mit Sorgfalt erarbeitet. Dennoch können Fehler nicht vollständig ausgeschlossen werden und die Bedey & Thoms Media GmbH, die Autoren oder Übersetzer übernehmen keine juristische Verantwortung oder irgendeine Haftung für evtl. verbliebene fehlerhafte Angaben und deren Folgen.

Alle Rechte vorbehalten

© Diplomica Verlag, Imprint der Bedey & Thoms Media GmbH
Hermannstal 119k, 22119 Hamburg
http://www.diplomica-verlag.de, Hamburg 2023
Printed in Germany

Abstract

Im Rahmen des demografischen Wandels rücken die Potenziale des Alter(n)s ins Zentrum der Aufmerksamkeit. Wohlfahrtsstaatliche Leistungen sozialer Sicherung werden zunehmend eine eigenverantwortliche Aufgabe der Individuen. Die Figur des unternehmerischen Selbst bestimmt die Lebensphase Alter, sodass ältere Menschen stetig dazu angerufen werden sich zu optimieren, jung zu bleiben und an ihrer Gesundheit zu arbeiten. Niemand kann sich dem Prozess des Alter(n)s entziehen. Doch im Kontext aktuell vorherrschender Aktivierungsparadigmen geht es darum das Alter(n) zu vermeiden, um nicht sozial ausgeschlossen zu werden. Ziel dieses Buches ist eine kritische Auseinandersetzung mit den aktuellen Diskursen und Praktiken im Hinblick auf das Alter(n). Ältere Menschen leben hierbei in einem Spannungsfeld von Aktivierung und Ausschließung. Durch einen historisch neuen Typus der Macht werden sie über ihre Psychen regiert. Interessant ist es zu untersuchen, welche Ausschließungsmechanismen entdeckt werden können und wie sich die Soziale Arbeit im Kontext eines aktivierenden Sozialstaates positionieren kann.

Um sich der Frage nach Ausschließung kritisch anzunähern, wird das Dispositivkonzept als Analyseraster genutzt. Fünf Elemente, die miteinander verwoben sind, werden vorgestellt und analysiert: Die Gerontologie, die Altenberichte des Bundesministeriums, Diskurse über das Altern, der Körper und schließlich die mediale Darstellung des Alterns. Ergänzend wird Foucaults Ansatz der Heterotopien als Werkzeug genutzt, um den Forschungsstand der Altersbilder aus einem anderen Blickwinkel zu betrachten. Im Konzept der „anderen Räume" könnte das Altern zu einem Raum werden, in dem „Müßiggang" erlaubt ist. Gesellschaftliche Normen werden gespiegelt und umgekehrt. Hier darf sein, was ist.

Eine Pflicht der Sozialen Arbeit ist es, gesellschaftspolitische und soziale Wandlungsprozesse kritisch zu reflektieren und bestenfalls mitzugestalten. Es wird deutlich, dass die Soziale Arbeit sich mit politischen und gesellschaftlichen Transformationsprozessen auseinandersetzen muss, weil sie davon betroffen ist. Insgesamt zeichnet sich eine eindeutige Tendenz ab: Leitend ist ein Alter, das produktiv und aktiv ist. Menschen werden bis ins hohe Alter als ihre „eigene" Ressource propagiert und sind für ihr Wohlergehen selbst verantwortlich. Das Konzept der fünf Freiheiten von Virginia Satir hilft dabei, die Würde der alten Menschen nicht aus dem Blick zu verlieren, um vielleicht doch noch ein bisschen vom würdevollen Alter träumen zu können.

Inhaltsverzeichnis

Einleitung 1
1   Soziale Arbeit im Wandel 5
    1.1   Das Alter(n) im Kontext der Entwicklung vom Wohlfahrtsstaat zum aktivierenden Sozialstaat 6
    1.2   Therapeutisierung der Gesellschaft – Zur Regierung der Psyche 15
    1.3   Das unternehmerische Selbst – Eine Politik des Verhaltens 18
2   Das Dispositiv des Alter(n)s 22
    2.1   Das Alter(n) als soziale Konstruktion 26
    2.2   Die Gerontologie 30
    2.3   Die Altenberichte als machtvolle Instanz 33
        2.3.1   Die Altenberichte – Ein kurzer Überblick 33
        2.3.2   Die Bedeutung der Altenberichte – Ein Paradigmenwechsel 35
        2.3.3   Bürgerschaftliches Engagement 42
    2.4   Diskurse über das Alter(n) 43
        2.4.1   Die ‚alten Alten' und die ‚jungen Alten' 44
        2.4.2   Das aktive, produktive, zu gestaltende und abhängige Alter(n) .. 47
    2.5   Der Körper 53
        2.5.1   Performation und Inszenierung des Alter(n)s 55
        2.5.2   Das korporale Kapital 57
        2.5.3   Fitness und Wellness – Regulierende Strategien der Biopolitik . 61
    2.6   Die mediale Darstellung des Alter(n)s 63
3   Das Konstrukt des aktiven Alter(n)s und seine Ungleichheitspotenziale 66
    3.1   Das Alter(n) als Krankheit – Vom Reparatur- zum Wachstumsmodell ... 66
    3.2   Die Ausschließung der ‚Alten' 68
4   Das Alter(n) als Heterotopie - Ein Gedankenspiel zur Reflexion 72
5   Das aktive Alter(n) im Kontext der Sozialen Arbeit 81
6   Fazit und Ausblick 85
Literaturverzeichnis 91

„Es gibt keinen «Tatbestand an sich», sondern ein Sinn muss immer erst hineingelegt werden, damit es einen Tatbestand geben kann."
Friedrich Nietzsche

Einleitung

Die Diskurse über das Alter(n) rücken zunehmend die Ressourcen, Kompetenzen, Engagements und Erfahrungen älterer Menschen in den Vordergrund. Themen wie Einsamkeit, Pflegebedürftigkeit oder Armut finden weniger Beachtung. Die veränderte Sicht auf das Alter(n) kann als Ausdruck politischer Interessen und wissenschaftlicher Erkenntnis verstanden werden. Beide Aspekte stehen in Wechselwirkung zueinander. Sie bedingen und durchdringen einander (vgl. Schroeter 2013, S.9).

In den vergangenen Jahren rückten, die einst durch den Wohlfahrtstaat ermöglichten, Lebensverhältnisse älterer Menschen im ‚wohlverdienten' Ruhestand vermehrt ins Blickfeld der Öffentlichkeit. Hintergrund dafür, dass das Alter(n) als soziale Kategorie wiederentdeckt wird, ist die gesellschaftlich diskutierte ‚Tatsache' des demografischen Wandels. Im Verlauf weniger Jahre wurde aus einem randständig diskutierten Forschungsprojekt einiger Expert*innen ein Thema, dass innerhalb der deutschen Medien und Politik Hochkonjunktur erfährt. Im Kontext des demografischen Wandels sind zwei Dynamiken zu nennen, die sich eng aufeinander beziehen: Die steigende Lebenserwartung bei gleichzeitig sinkender Geburtenrate. Die Kombination beider Elemente führt auf längere Sicht dazu, dass der Anteil älterer Menschen in der Bevölkerung zunimmt.

Auf der anderen Seite zeigt sich parallel dazu ein sozialgerontologisch diskutierter ‚Strukturwandel des Alters' (Tews 1990), innerhalb dessen der Veränderungsprozess der letzten Phase des Lebens selbst thematisiert wird. Neuerungen in dieser Phase sind nicht nur der frühe Austritt aus dem Erwerbsleben und die steigende Langlebigkeit, die den Ruhestand tendenziell verlängern, sondern auch eine zuerst als paradox erscheinende Dynamik, in der das Alter(n) zunehmend verjüngt wird. Bei einer Verjüngung des Alter(n)s handelt es sich um eine vielfältige Kombination verschiedener Eigenschaften, die dazu führen, dass das Alter heute im intergenerativen Vergleich zu früheren Kohorten in die Kategorien ‚nicht-mehr-alt' oder ‚noch-nicht-alt' eingeordnet werden kann. Dies umfasst sowohl die Fremdbeschreibung als auch die Selbstwahrnehmung. Betrachtet man nun die sozialpolitischen Leistungssysteme, zeigt sich, dass sie als zunehmend schwerer finanzierbar gelten. Es zeichnet sich eine Tendenz ab, verschiedene Risiken des Lebens von Arbeitslosigkeit bis hin zur Pflegebedürftigkeit zu individualisieren. Aus Perspektive eines aktivierenden Sozialstaates scheint es naheliegend, dass die noch nicht ‚Alten' einen Beitrag dazu leisten können, die Folgen eines demografischen Wandels zu bearbeiten. Denninger et al. (2014) verweisen kritisch auf die Idee, dass der Strukturwandel des Alters zwar ein Problem darstelle, aber zeitgleich auch einen Teil seiner eigenen Lösung. Die vergangenen Jahrzehnte zeigen, dass genau diese Idee zu einem leitenden Motiv des sozialen und politischen Umgangs mit dem Alter(n) geworden ist. Unter dem Schlagwort ‚Active Ageing', welches zum Ende der 1990er Jahre europapolitisch eingeführt wurde, wird eine Neuverhandlung des Alter(n)s sichtbar. Diese führt dazu, dass alte Muster der Lebensführung im Ruhestand problematisiert werden, während zeitgleich neue Bilder eines aktiven Alter(n)s propagiert werden (vgl. Denninger et al. 2014, S. 9f.).

In einem aktivierenden Sozialstaat sind die Selbstverantwortung, Leistung und der eigene Antrieb von Individuen zentral (vgl. Kessl et al. 2009, S.13). Interessant ist an dieser Stelle das Konzept der Gouvernementalität als Regierung der Psyche mit der Idee, dass Individuen sich selbst führen und im Hinblick auf sozialpolitische und ökonomische Aspekte verantwortungsvoll handeln. Solche neoliberalen Formen der Regierung sind in ihrem Handeln defensiver und führen die Individuen im Verborgenen (vgl. Lemke 2007, S.55). Dies vollzieht sich mitunter auch im Kontext der Sozialen Arbeit, die nicht marktfern ist. An Methoden des Empowerments oder des Resilienz-Konzeptes kann beispielsweise aufgezeigt werden, inwiefern die Soziale Arbeit Gefahr läuft, zunehmend als „Helferdienst für die bestehende Herrschaft" (Thieme 2017, S.17f.) zu fungieren. Die Soziale Arbeit wird von Kessl (2005a, S.93, S.217f.) als Dienstleistungsinstanz beschrieben, wodurch ihre eigentlichen Kernthemen und die Adressat*innen nicht selten aus dem Blickfeld gerieten.

Eine Aufgabe der Profession Soziale Arbeit ist es, Menschen in der Lebensphase Alter unterstützend zu begleiten. Teilhabe, Selbstbestimmung sowie Eigenständigkeit sollen gefördert werden (vgl. DBSH 2019, S.1). Die Soziale Arbeit fokussiert zudem die Krisen und Probleme, die in Bezug auf Veränderung und Entwicklung mit dem Alter verbunden sind. Neben der Pflege und Medizin stellt sie einen bedeutenden Teil des Hilfesystems dar. Eine Grundvoraussetzung der Sozialen Arbeit ist es, Menschen egal welchen Alters, in ihren Lebenslagen wahrzunehmen (vgl. ebd., S.12). Interessant ist an dieser Stelle, inwiefern Sozialarbeiter*innen, eingebettet in den Kontext von Macht- und Herrschaftsverhältnissen, zur Verbesserung der Lebensqualität im Alter beitragen und den Adressat*innen gerecht werden können.

Am Thema dieses Buches fasziniert mich, dass das Alter(n) einen Prozess darstellt, mit dem jede*r früher oder später konfrontiert wird. Wir können uns den Diskursen über das Alter(n) nicht entziehen, weil wir ein Teil davon sind.

Doch wie geht man mit dem Alter(n) um, wenn in einer Gesellschaft Attribute der Jugend wie Aktivität, Schönheit, Fitness maßgebend sind? Was wenn das Alter(n) vermieden werden soll und zum Stigma wird? Welche gesellschaftlich historischen Bedingungen bedingen Diskurse im Hinblick auf das Alter(n)?

In diesem Buch sind folgende Fragestellungen grundlegend:

1. Welche Elemente beinhaltet das Alter(n)sdispositiv und in welchem Verhältnis stehen diese zueinander?
2. Inwiefern bestimmt diese Verflechtung diskursiver Elemente alltägliche Praktiken, die das Denken, Wollen, Fühlen sowie Handeln gegenüber dem Alter(n) prägen und soziale Ausschließung (re)produzieren?

Im ersten Kapitel setze ich mich mit dem Wandel der Sozialen Arbeit und der gesellschaftlichen Verhältnisse auseinander. Zuerst erfolgt eine theoretische Rahmung des Transformationsprozesses vom Wohlfahrtstaat zum aktivierenden Sozialstaat als Grundlage für die Auseinandersetzung mit dem Dispositiv des aktiven Alter(n)s. Im Anschluss daran wird die Therapeutisierung der Gesellschaft im Hinblick auf die Regierung der Psyche beleuchtet. Kapitel 1 endet mit einem Blick auf die ‚Alten' als Unternehmer*innen ihrer selbst und betrachtet die Entwicklung von einer Politik der Verhältnisse hin zu einer Politik des Verhaltens kritisch.

Nach einer grundlegenden Einführung bildet Kapitel 2 als Analyse nuancierter Elemente des Dispositivs des Alter(n)s einen Schwerpunkt der Buches. Nach einer theoretischen Einführung in den Dispositiv-Begriff nach Michel Foucault wird das Verständnis des Alter(n)s als soziale Konstruktion dargelegt. Als erstes Element des Dispositivs findet die Gerontologie als Altersbilder prägende Instanz Berücksichtigung. Im Anschluss daran werden die Altenberichte des Bundesministeriums in ihrer Entwicklung und machtvollen Wirkung analysiert. Ein drittes Element des Dispositivs bilden die aktuellen Diskurse über das Alter(n). Die Altersbilder eines aktiven, produktiven, erfolgreichen, gestaltbaren, aber auch abhängigen Alters werden analysiert, verknüpft und kritisch betrachtet. Ein weiteres bedeutendes Element des Dispositivs, das niemand von sich weisen kann, ist der Körper.

In diesem Kapitel geht es um die Themen Performation und Inszenierung sowie um die Symbolik des korporalen Kapitals und einer Veranschaulichung regulierender Strategien der Biopolitik am Beispiel von Wellness und Fitness. Abschließend wird die Darstellung des Alter(n)s in den Medien näher betrachtet.

Im dritten Kapitel werden die verschiedenen dargestellten Elemente des Dispositivs miteinander verknüpft. Bedeutend ist hierbei die Frage inwiefern die Verflechtung der Elemente im Kontext des aktiven Alter(n)s Ungleichheitspotenziale und soziale Ausschließungsmechanismen (re)produziert. Am Beispiel des Anti Ageing wird eine spezifische Form der Selbstregierung veranschaulicht. Das Kapitel endet mit einem kritischen Blick auf die Altersaktivierung und weist darauf hin, dass Menschen, die dem Aktivierungsparadigma nicht entsprechen können oder wollen in die Randzonen der Gesellschaft gedrängt werden. Kapitel 4 greift Foucaults Konzept des Alter(n)s als Heterotopie auf. Nach einer theoretischen Einführung wird das Konzept im Sinne Foucaults als Werkzeugkiste genutzt und in ein reflexives Gedankenspiel verwandelt, das dazu dient aus einer anderen Perspektive auf das Alter(n) zu schauen. In Kapitel 5 wird das Alter(n) im Kontext der Sozialen Arbeit verortet. Es geht um die Fragen mit welchen Aufgaben die Soziale Arbeit konfrontiert wird und wie sie in Macht- und Herrschaftsverhältnisse verstrickt ist. Ein abschließendes Fazit wird in Kapitel 6 dargelegt. Es erfolgt eine zusammenfassende Auseinandersetzung mit der Fragestellung und ein kritischer Blick in die Zukunft.

1 Soziale Arbeit im Wandel

Die Transformation eines versorgenden Sozialstaates hin zu einem, der aktivierend wirkt, führte dazu, dass das Alter(n) und damit einhergehend die Bezüge des Transfereinkommens in der nachberuflichen Phase des Lebens gesellschaftlich neu verhandelt wurden und werden. Im öffentlichen Raum wurde dafür sensibilisiert, dass es nicht nur immer mehr ‚Alte' gibt, die zunehmend älter werden, sondern dass sich zudem auch der gesunde und leistungsfähige Teil des Lebens der Älteren weiter ausdehnt und verlängert. Daraus resultierte, dass das Alter(n) sozialpolitisch in seiner Aktivierbarkeit entdeckt wurde. In diesem Zusammenhang ist der Fünfte Altenbericht von Bedeutung. Expert*innen verschiedener Professionen gehen der Frage nach, inwiefern die Potenziale des Alters gesellschaftlich genutzt werden können (vgl. BMFSFJ 2005, S.3).

Als Potenziale und Möglichkeiten, die bisher weniger genutzt werden oder nutzbarer gemacht werden können, werden neben Lern- und Leistungsfähigkeit oder Erfahrungen und Wissen auch die Gesundheit, das Interesse sowie materielle Ressourcen ausfindig gemacht. Abgegrenzt von Bildern des Alters, die Siechtum, Hilfebedürftigkeit oder Abhängigkeit suggerieren, wirkt das Altern hier als Ausgangspunkt für Aktivität. Darüber hinaus zeigt sich das Bild eines ‚jungen' Alter(n)s zunehmend in der Werbung und in den Medien. Das Alter erscheint als eine Lebensphase, in der die Aktivität nachberuflich, jedoch oft in anderer Form, fortgesetzt wird. Van Dyk äußert den Verdacht, dass im Hinblick auf fehlende Mittel und Lücken im sozialen Sicherungssystem die Aktivierung der „Alten" und deren gesellschaftlicher Nutzen an Attraktivität gewinnt, je größer der Anteil älterer Menschen in der Bevölkerung wird (vgl. van Dyk et al. 2009, S.540). Was könnte auch gegen ein aktives und produktives Alter(n) sprechen und welche Vorzüge soll ein unproduktives Altern schon mit sich bringen?

Nun folgt eine kritische Auseinandersetzung mit dem Dispositiv des Alter(n)s in Bezug auf die Aktivierung des Alter(n)s. Die Entwicklung vom Wohlfahrtsstaat zum aktivierenden Sozialstaat wird erörtert und kritische Aspekte punktuell aufgedeckt. Es wird versucht Annahmen über Normalität, Widersprüche und mögliche Konfliktpotenziale aufzudecken.

1.1 Das Alter(n) im Kontext der Entwicklung vom Wohlfahrtsstaat zum aktivierenden Sozialstaat

Die aktuelle Gesellschaftsformation des Postfordismus wird auch oft als ‚flexibler Kapitalismus' oder ‚Neo-Liberalismus' umschrieben. Mit ihr erfolgte der Eintritt in eine nicht nur neue, sondern auch globale Phase von kapitalistischen Entwicklungen. Sie führte zu einer grundlegenden Neuordnung von Geschlechter- und Klassenverhältnissen. Das ‚Soziale' wurde neuformiert. Darüber hinaus kam es zu einer nachhaltigen Veränderung von Praktiken der Ausübung von Macht und Herrschaft. Im Kontext eines neuen Macht- und Herrschaftstypus haben sich neben den konventionellen Formen der Unterdrückung, Ausschließung und Ausbeutung neue Technologien etabliert, in deren Zentrum sowohl eine Führung auf Distanz als auch eine indirekte Regierung steht (vgl. Anhorn et al. 2016, S. 70).

Kurz gesagt, beschreibt der Fordismus ein Modell der Kapitalerweiterung, das auf Massenkonsum und Massenproduktion basiert (vgl. Jessop 1986, S.12). Die Produktionsweise des Fordismus stand in Verbindung mit einer hegemonialen Lebensweise und einer damit einhergehenden Arbeitsmoral. Die fordistische Lebensführung kennzeichnete sich durch einen starren und klar konturierten Normalismus. Im Hinblick auf Abweichungen zeigte sich dieser als repressiv. Seinen Ausdruck fand er in drei Funktionszusammenhängen. Als erstes kann das Normalarbeitsverhältnis genannt werden. Hierbei handelt es sich um die volle Erwerbstätigkeit, die mit einer kontinuierlichen Sozialversicherungspflicht und mit sozialen Sicherungsansprüchen einhergeht. Den zweiten Punkt bildet die Normalbiografie. Sie umfasst relativ eindeutige Übergänge vom Alters-, Karriere- Erwerbs-, Familien oder sozialen Status in einen anderen. So folgen nach der Kindheit beispielsweise die Jugend und dann das Erwachsenenalter. Im Anschluss an die Schule wird einer Erwerbstätigkeit nachgegangen oder eine Hochschule besucht. Die Normalbiografie kennzeichnet sich durch zuverlässige Identitäten (z.B. ‚Frausein', ‚Mannsein') und relativ beständige soziale Milieuzugehörigkeiten. Als dritter Aspekt ist die Normalfamilie zu nennen. Gemeint ist in diesem Zusammenhang die heterosexuelle staatlich und kirchlich anerkannte Paarbeziehung. In der ‚Normalfamilie' erfolgt die Arbeitsteilung geschlechtsspezifisch, indem die ‚Frau' Reproduktionsarbeit, also Tätigkeiten jenseits von Lohnarbeit zum Erhalt der menschlichen Arbeitskraft verrichtet, wie beispielsweise durch die Erziehung der Kinder, Beziehungs- oder Hausarbeit.

Der ‚Mann' geht einer Produktions- also Lohnarbeit nach. Das kulturelle Leitbild und zeitgleich das gesamte strukturelle Gefüge der fordistischen Gesellschaft war auf die Figur des heterosexuellen, männlichen Lohnarbeiters zentriert. Dieser war deutscher Staatsbürger, gehörte der christlichen Religion an und war im besten Falle vollerwerbstätig als Alleinverdiener. Seine Erwerbsbiografie ist lückenlos und weist langjährige Zugehörigkeit zu einem Betrieb auf. Politisch wurde die männliche Lohnarbeit fixiert, sodass eine Reproduktion der althergebrachten gesellschaftlichen Hierarchien der Geschlechter-, Arbeits- und Generationenordnung erfolgte. Konsequenzen brachte dies vor allem für Menschen mit sich, die nicht lohnerwerbsfähig, -tätig oder nur in Teilen lohnerwerbsfähig sind. In den 1960er Jahren zeigten sich neue soziale Bewegungen, die nicht nur die geschlechterspezifischen Folgen dieses fordistischen, auf Lohnarbeit zentrierten Normalismus kritisierten, sondern auch die Trennung von ‚Freizeit' und Lohnarbeit.

Der Fordismus führte dazu, dass Freizeit erstmalig ein Gut der breiten Masse wurde. In den 1950er Jahren wurden die Ansprüche auf Urlaub erweitert und die Wochenarbeitszeit reduziert. Durch die Steigerung des Reallohns erweiterte sich die Kaufkraft und so entpuppte sich die Freizeit als neuer, ökonomisch wertvoller Raum des Konsums. Dies hat wiederum dazu beigetragen, dass die Wirtschaft im Fordismus stabilisiert und intensiviert wurde. Die ‚Freizeit' gewann an Bedeutung und damit einher ging eine bestimmte Arbeitsmoral, die dazu führte, dass die Produktivität stieg und zeitgleich die Lohnarbeit tendenziell entqualifiziert wurde. Zuvor verfügten die Arbeiter*innen über ein Wissen, das unentbehrlich war. Dieses wurde im Verlauf zunehmend in die Technik der Maschinen und in eine seitens eines Managements wissenschaftliche Organisation der Arbeit ausgelagert. Daraus resultierte für die Arbeiter*innen vor allem ein strikt zu befolgendes Regelwerk, das Pünktlichkeit, Verlässlichkeit oder auch Genauigkeit voraussetzte. Das heißt, dass erst die kapitalistische Art der Produktion die strukturellen Voraussetzungen für eine Abgrenzung des Bereichs der ‚Freizeit' oder entfernter des ‚Privaten' sowie das Befolgen eines klaren Regelwerks ermöglichte. Im Rahmen der kapitalistischen Produktionsweise werden Lohn und Kapital getrennt. Die Konstruktion eines Arbeitsverhältnisses, innerhalb dessen den Arbeiter*innen ein Anrecht auf ‚Zeit' vertraglich zugesprochen und durch Unternehmer begründet wird, wird hierbei dadurch ermöglicht, dass eine Trennung in Lohn und Kapital erfolgt und sich Arbeitsmärkte ausbilden. Zur Folge hat dies, dass alle Zeit neben der Lohnarbeit zur ‚freien' Zeit der Arbeiter*innen bestimmt wird, die nicht lohnarbeitsbestimmt ist. Geltung erhält dies allerdings nur im reinen, liberalen Sinne einer selbstbestimmten Lebensführung.

Ein Anliegen von Politik und Unternehmen ist es jedoch, dass nicht nur die Arbeitszeit möglichst produktiv ausgeschöpft wird, sondern auch darauf zu achten ist, dass die Arbeiter*innen auch ihre ‚Freizeit' möglichst reproduktionsförderlich nutzen und sich somit beispielsweise gesundheitsförderlich, produktiv sowie verantwortungsbewusst verhalten. Bereits in der kritischen Theorie zeigt sich die Erkenntnis, dass Produktion und Konsum, also Lohnarbeit und ‚Freizeit', einer Logik folgen, die auf Selbstoptimierung und die Steigerung von Leistung, aber auch Verwertung sowie Zweckrationalität basiert und zunehmend gleichförmiger wird. (vgl. Anhorn et al. 2016, S.73f.). Ein zentrales Merkmal des Herrschaftsregimes im Fordismus ist die Disziplin oder auch Disziplinierung.

Sie wird beispielsweise eher unmittelbar über die staatlichen Instanzen der Sicherheit und Wohlfahrt, wie zum Beispiel Schule, Psychiatrie und Strafjustiz, oder auch indirekt über die der fordistischen Produktionsweise innewohnenden marktvermittelnden Mechanismen sichtbar. Die fordistische Gesellschaft umfasst drei maßgebende Akteure, die in ihrer Zusammensetzung als Sozialpartnerschaft oder auch korporativer Klassenkompromiss bezeichnet werden und die politische, soziale sowie ökonomische Stabilität gewährleisten. Es handelt sich hierbei um den Staat, das Kapital und die (Lohn-)Arbeit. Ersterem liegt eine doppelte Rolle inne, indem er zum einen eine Herrschaftsinstanz darstellt, die über eigene Machtinteressen verfügt und relativ autonom ist. Zum anderen gilt er als ‚neutraler Vermittler'. Das Kapital wurde durch die Interessen der Unternehmerschaft repräsentiert, die im höheren Grad verbandlich und organisiert waren. Die Vertretung der (Lohn-)Arbeit erfolgte durch Gewerkschaften. Historisch bedeutsam und einzigartig war, dass die Gewerkschaften durch eine langanhaltende Zeit der Vollbeschäftigung ein solches Maß an Verhandlungs- und Organisationsmacht erlangten, dass sie gegenüber dem Kapital und dem Staat zu nahezu ebenbürtigen Sozialpartnern wurden (vgl. Anhorn et al. 2016, S.75).

Die Entstehung des fürsorgenden Wohlfahrtsstaates erfolgte mit dem Ziel einer Abfederung der strukturellen Auswirkungen marktwirtschaftlicher Prozesse. Durch die Abschwächung des Zwanges zur Arbeit, dadurch dass Lohnersatzleistungen gewährt wurden, und den Ausbau von Schutzrechten sollte zur Risikobegrenzung beigetragen werden. In der Bundesrepublik wurde dies im Vergleich zu anderen Ländern stärker mit umfangreichen Regulierungen und Schutzbestimmungen persönlicher, individueller Arbeitsverhältnisse beziehungsweise der Arbeitnehmer*innen in Verbindung gebracht. Beispiele dafür sind der Kündigungsschutz, das Normalarbeitsverhältnis und der Berufsschutz. Die Sozialpolitik, die sich entwickelte, kennzeichnete sich durch Reaktivität sowie Kompensation und zielte darauf die Bürger*innen zu versorgen. Zu den zentralen Formen der Intervention gehörten somit finanzielle Leistungen sowie Anreize, Geld und Recht (vgl. Dingeldey 2006, o.S.).

Neben Massenkonsum und -produktion ist die Industriegesellschaft im Fordismus durch konservative Geschlechterregime, normierte Erwerbsbiografien und eine Nutzung von migrantischen Arbeitskräften als ‚Gastarbeit‘, die rassistisch kodifiziert ist, gekennzeichnet. Vor fast fünf Jahrzehnten geriet diese Phase ins Wanken. Im Anschluss daran erfolgte ein ökonomischer Paradigmenwechsel, der sich auf die Arbeits-, Lebens- und Produktionsweisen auswirkte.

Es handelt sich um einen Transformationsprozess, der insbesondere durch Prekarisierung und Privatisierung, Deregulierung und Ökonomisierung sowie Aktivierung und Entsicherung beschrieben werden kann. Durch einen flexiblen Normalismus geraten die Grenzen der Normalität in Industriegesellschaften des Fordismus in Bewegung. Er tritt an die Stelle eines Normalitätsfeldes, dass gesellschaftlich auf den autochthonen und männlichen Familienernährer eingegrenzt ist. Sowohl neue Verwertungsinteressen als auch soziale Kämpfe zuvor ausgeschlossener Gruppen haben zu dieser Entwicklung beigetragen. In diesem Zuge finden nicht nur Migrant*innen und Frauen Einzug in die Zonen des ‚Normalen‘, sondern auch die ‚jungen Alten‘. Durch Ausweitungen von Normalitätsfeldern werden auch immer neue Ausschlüsse produziert. Es erfolgt eine Neuvermessung der Grenzen dessen, was als ‚normal‘ gilt. Seit den 1990er Jahren interessiert sich die Wissenschaft im Kontext der ‚Exklusion‘ zunehmend für diejenigen, die nicht mehr zu den ‚Gewinnern‘ oder ‚Verlierern‘ in dieser Gesellschaft zählen. Es geht um Menschen, die sich nicht in die Normalitätsfelder einer fordistischen Gesellschaft einordnen lassen. Van Dyk verweist auf Jacques Donzelots Bezeichnung der „unnützen Normalen", die im Rahmen einer Ära des Postfordismus, gekennzeichnet durch flexiblen Kapitalismus, ins Wanken geraten. Damit einher gehen die Entsicherung und Verwundbarkeit der gesellschaftlichen Mitte. Dieser wird die gesellschaftliche Aufmerksamkeit gewidmet.

Im Hinblick auf das Thema dieses Buches ist es interessant, dass van Dyk zwei Gruppen konstatiert, die nicht zur Mitte der fordistischen Gesellschaft gehören: Migrant*innen und Menschen in einem höheren Lebensalter. Betrachtet man exemplarisch die ‚jungen Alten‘ und wie sie als soziale Personen neu adressiert werden, so rücken die Hochaltrigen oder Pflegebedürftigen weiter in die Randzonen des sozialen Lebens (vgl. van Dyk 2013, o.S.).

Die Hoffnung auf eine Prosperität, die ewig währt, endete mit den Ölkrisen in den 1970er Jahren und einer zunehmenden Arbeitslosigkeit der Massen. Sowohl technische Rationalisierungen als auch die wachsende Internationalisierung von Produkten führten zu einem Erlahmen der industriellen Lohnarbeit, die als eine stabile Antriebskraft gesellschaftlicher Integration galt. Reaktionen auf die Krise zeigten sich nach van Dyk nicht darin, dass der Staat sich einfach zurückzog und Marktkräfte entfesselt wurden. Vielmehr wurde ein Prozess umkämpfter, zum Teil auch widersprüchlicher Restrukturierung von kapitalistischer Regulation und Akkumulation sichtbar, der sich unter anderem im Kontext bestehender (wohlfahrts-)staatlicher Institutionen vollzog, die über große Beharrungskraft verfügten. Als Reaktionen können sowohl Lohnsenkungen als auch Intensivierung der Arbeit sowie Rationalisierungen vermerkt werden. Neben einer flexibilisierten Spezialisierung innerhalb der Industriesektoren und einer Abwendung von der Massenproduktion führte auch eine Beschäftigungszunahme im Bereich der Dienstleistungen zu einer Erosion der fordistischen Normalarbeitsverhältnisse und damit zu einer wachsenden Prekarisierung und Deregulierung von Lohnarbeit.[1] Sinkende Löhne und Standards von Arbeit gehen mit einer bestimmten Form der Intensivierung von Arbeit einher. Diese beinhaltet ausgeweitete Verwertung und Nutzung der ‚Subjektivität' der Beschäftigten.

Und jetzt wird es interessant: Innerhalb neuer Managementstrategien wird die Abflachung von Hierarchien zentral. Im Fokus stehen die eigene intellektuelle Initiative und die Möglichkeit zur Kreativität. Dies soll durch die Abschaffung von eintönigen Arbeitsabläufen gelingen. Die Sozialfigur des ‚Arbeitskraftunternehmers' verkörpert diese Entwicklung verdichtet. Der Arbeitskraftunternehmer kennzeichnet sich durch eine Ökonomisierung seiner selbst im Hinblick auf seine Marktfähigkeit. Er kontrolliert und rationalisiert sich und seine Lebensführung im Sinne der Anforderungen der Erwerbssphäre (vgl. Voß et al. 2012, S.80f. n. van Dyk 2013, o.S.).

Entwicklungen wie diese bringen eine verstärkte innere Landnahme mit sich. Dadurch werden Gesellschaftsbereiche in den Verwertungsprozess von Kapitalien miteinbezogen, die in einer fordistischen Marktlogik ausgeschlossen waren. Dies führt unter anderem zu einer Re-Kommodifizierung sowie Privatisierung der öffentlichen Infrastruktur und Dienstleistungen. Gemeint sind insbesondere Bereiche wie der des Transportes, der

---

[1] „Zunahme atypischer Beschäftigung, Ausweitung des Niedriglohnsektors, Schwächung kollektivvertraglicher Regelungen und die Polarisierung in kleiner werdende Kern- und wachsende Randbelegschaften sind die Folge und bedingten eine Umverteilung des Einkommens von ‚unten' nach ‚oben'." (van Dyk 2013, o.S.)

Gesundheit und Pflege oder der Erziehung und Bildung. Die Sicherungssysteme des Sozialstaates erfahren eine selektive Einschränkung und eine Verschärfung der Sanktionsmechanismen erfolgt. Bezugnehmend auf die Hartz-Reformen der rot-grünen Bundesregierung und die Agenda 2010 zeigt sich ein Wandel der Steuerungslogik des Sozialstaates. Dieser Logik folgend sind mögliche Empfänger*innen von Leistungen nun zur Eigenverantwortung verpflichtet und gelten als zu Aktivierende. Sie sind nicht mehr nur Träger*innen von Rechten.

Die Bürger*innen sollen zu funktionierenden Subjekten auf dem Arbeitsmarkt im flexibilisierten Kapitalismus werden, indem sie zur ‚Marktlichkeit' erzogen werden. Unter einer Androhung von Kürzungen der Leistungen soll Beschäftigungsfähigkeit hergestellt und individuelle Schadensminderung erlernt werden. So soll man sich beispielsweise vorbeugend verhalten. In einer wohlfahrtstaatlichen Programmatik im Sinne einer aktivierenden Politik ist der Wandel von einer öffentlichen zu einer privaten Sicherheitsverantwortung, von einer Versorgung durch den Staat zu einer Selbstsorge und von einem kollektiven Management der Risiken hin zu einem individuellen sichtbar. Unterstützt wird dieser Wandel durch Staatpolitiken, wie die des Förderns und die des Forderns, durch Kürzung und Kontrolle (vgl. van Dyk 2013, o.S.).

Auch in anderen Ländern Europas und in der Bundesrepublik führte unter anderem das Scheitern der keynesianischen Steuerung der Wirtschaft nach dem Ölpreisschock im Jahr 1973 dazu, dass sich die Wirtschaftspolitik wandelte und sich das Verständnis von Staat und Steuerung veränderte. Hintergrund für die Thesen im Hinblick auf ein Versagen des Staates und der Steuerung sind zum Beispiel der mangelnde Erfolg der Steuerung durch unterschiedliche Regierungen oder auch Krisenerscheinungen wie zu bekämpfende Arbeitslosigkeit und Inflation. Hinzu kommt die dabei sichtbar gewordene Beschränkung der Souveränität staatlicher Steuerung durch die Globalisierung sowie Internationalisierung der Wirtschaft auf der einen Seite. Auf der anderen Seite besteht zum Beispiel eine Abhängigkeit von förderalen Akteuren oder Gewerkschaften. Wirtschaftspolitische Vorstellungen der Steuerung, die vom Neoliberalismus inspiriert sind, erlangten ihren Durchbruch nicht nur durch die Steuerungs- und Strukturprobleme des fürsorgenden Wohlfahrtsstaates. Auch der Krisen-Diskurs leistete einen Beitrag zu diesem Durchbruch. Seit Beginn der 1980er Jahre besteht innerhalb der westlichen Industrieländer eine Wirtschaftspolitik, die angebotsorientiert ist und mehr oder weniger strikt verfolgt wird. Alternativen zum ‚ausufernden' Wohlfahrtsstaat werden in einer Einschränkung und Begrenzung der staatlichen Aufgaben gesehen. Seit den späten 1970er und 1980er Jahren wird in

Verbindung mit einer Modernisierung der Verwaltung über eine Rückführung des Staates zu seinen grundlegenden Aufgaben diskutiert. Unter dem Etikett des New Public Management oder auch dem des schlanken Staates wird diese bereits umgesetzt. Aufgaben und Leistungen, die bisher vollständig vom Staat erbracht wurden, differenzieren sich nun im Hinblick auf die Finanzierung, Durchführung von Maßnahmen oder Gewährleistung. Das Ziel des Ganzen ist es, die Tiefe der Leistungen öffentlicher Verwaltungen zu verringern und Aufgaben beispielsweise auszugliedern oder vollständig zu privatisieren.

Besonders in den angelsächsischen Ländern führte die Kombination aus der Krise des Arbeitsmarktes und verringertem sozialem Staatskonzept beispielsweise zu einer Differenzierung des Einkommens oder Verarmung. In Großbritannien zeigten sich unmittelbare Folgen der nun privatisierten Dienstleistungen und neu eingeführten Managementkonzepte im öffentlichen Bereich in einer Verringerung von sozialen Dienstleitungsangeboten oder Einbußen in der Qualität. Deutlich werden zwei Aspekte, die in den 1980ern den Hintergrund der Diskurse bezüglich des Social Investment State bilden. Zum einen handelt es sich um ein doppeltes Versagen des ‚alten' Sozialstaates und zum anderen um die angebotsorientierten Reformen (vgl. Dingeldey 2006, o. S.).

Van Dyk verweist darauf, dass es, nachdem die US-Immobilienblase geplatzt ist, für einen Moment so wirkte als stieße auch der flexible, finanzdominierte Kapitalismus an seine Grenzen. Große private Mengen Geld wurden hervorgebracht, indem Einkommen zum Vorteil Besserverdienender und Besitzer*innen von Kapital umverteilt wurde. Unterstützung erfuhr dieser Prozess dadurch, dass die Altersvorsorge in vielen Ländern (teil-)privatisiert wurde. Die privaten Geldmengen und die Suche nach ertragreichen Möglichkeiten diese anzulegen, bedingten, dass sich der globale Finanzsektor verselbstständigte. Dies führte zu einer Krise der Vermögensanlagen. Die systemischen Ursachen dieser Krise wurden hierbei nicht berücksichtigt. Gemeint sind nicht nur die Auseinandersetzungen bezüglich einer Re-Regulierung der Arbeitsmärkte, sondern auch die Zusammenhänge zwischen der Privatisierung der öffentlichen Daseinsvorsorge, der Krise des Finanzmarktes und der Sozialstaatkrise. An dieser Stelle erhöht sich der Druck auf öffentliche Haushalte dadurch, dass private Verluste im Rahmen der Euro- und Finanzkrise verstaatlicht wurden.

Im Kontext dieser Entwicklungen zeigt sich nach van Dyk in Deutschland eine Krise der sozialen Reproduktion ab. Der Mensch soll nicht nur kreativ, flexibel und gut ausgebildet sein, sondern trotz einer Zunahme der Prekarität und Entgrenzung der Arbeitszeiten für Pflegebedürftige und Kinder sorgen. Er wird als eine zivilgesellschaftliche Ressource angesehen, die zum Tragen kommt und einspringt, wenn öffentliche Leistungen reduziert werden. Trotz einer vollen Beschäftigung ist der Verdienst einer zunehmenden Gruppe nicht mehr ausreichend, um elementare Bedürfnisse zu befriedigen. Dies führt zu Erschöpfung und einem ‚Ausgebranntsein' (vgl. van Dyk 2013, o.S.).

In Deutschland wurde alten Menschen im Zuge der Rentenreform im Jahr 1957 eine gesonderte Rolle zuteil (vgl. van Dyk et al. 2009, S.540). Mit dem Eintritt in den Ruhestand waren sie im Vergleich gut versorgt, genossen aber öffentlich wenig Aufmerksamkeit. Im Verlauf des demografischen Wandels kam es zu einer radikalen Wendung. Die alten Menschen wurden im Kontext eines aktivierenden Sozialstaates als Mitglieder der Gesellschaft entdeckt, die aktivierbar sind. Somit wird auch von Menschen im Ruhestand erwartet, dass sie weiterhin einen Beitrag zur Gesellschaft leisten und so zum Beispiel Ehrenämter ausführen, ihre Lebensarbeitszeit verlängern oder ihre Potenziale nutzbar machen. Die ‚jungen Alten' werden als günstige soziale Ressource wahrgenommen. Von besonderer Bedeutung ist, dass damit eine Defizitperspektive, die biomedizinisch begründet ist, in Bezug auf das Alter im Ruhestand teilweise aufgerüttelt wurde. Es zeigt sich, dass Menschen, die im Ruhestand gesund und leistungsfähig sind, als aktive Subjekte betrachtet werden.

Hochaltrige Menschen hingegen, die pflegebedürftig oder an Demenz erkrankt sind, erhalten eher den Objektstatus eines zu Pflegenden oder zu Betreuenden. Terminologien der Entmenschlichung zeichnen sowohl im Alltag und in der Politik ein dahinsiechendes und abhängiges Bild vom Altern (vgl. van Dyk 2013, o.S.). Van Dyk weist darauf hin, dass Vernachlässigung oder gar Fixierung in Pflegeheimen oder auch eine Pflegepolitik, die auf Rehabilitation weitgehend verzichtet, als Ausdruck einer Gesellschaft gelesen werden können, die das hohe Alter aufgibt. Die Entdeckung der ‚jungen Alten' führte allerdings nach van Dyk nicht dazu, dass die Macht der hierarchischen Zweigliedrigkeit (jung-alt) überwunden wurde. Deutlich wird dies unter anderem in der Beliebtheit von Anti-Ageing-Produkten oder einer Politik, die das gesellschaftliche Alter(n) als schreckliches Szenario darstellt. Die verworfene Hochaltrigkeit verfügt über eine disziplinierende Wirkung. Diese wird durch die Verdichtung des Alter(n)sprozesses in diese, eben benannte, wirkungsreiche Zweigliedrigkeit bedingt. Ein Grenzziehungsmechanismus der binär in ‚deviant' oder ‚normal' unterscheidet, bleibt innerhalb des integrativen Normfeldes bestehen. Die Grenze ist ein Effekt der Unterscheidung, sie ist flexibel und nicht substanziell. Dennoch ist es dieser Grenzziehungsmechanismus und eine drohende Ausgrenzung, die dazu führen, dass die wirkungsvolle Macht der Norm und damit (Selbst-)Normalisierungsmechanismen aufrechterhalten werden.

Bedeutend ist hierbei, dass das abhängige Alter, das mit drohender Ausschließung verbunden ist, im aktivierenden Sozialstaat als individuell sowie verantwortungsvoll gestaltbar gilt. Jede*r kann hier scheinbar selbst entscheiden, wie er altert, ob er scheitert oder gesund ist. Dabei erhöht sich der Druck auf die Individuen ein ‚Scheitern' zu verhindern. Zu erkennen ist, dass die Aktivierung des jungen Alters sehr eng mit seiner Kehrseite, dem alten (abhängigen) Alter und dessen disziplinierender Wirkung verknüpft ist (vgl. van Dyk 2013, o.S.). Die ‚jungen' Alten werden als Subjekte adressiert, die aktiv sind. Menschen, die hochaltrig sind, erhalten hingegen weiter den Objektstatus als zu verpflegende, zu betreuende oder zu pflegende. Erkennbar wird, dass die Altersattribute im Lebenslauf weiter nach hinten verschoben und nicht aufgelöst wurden (vgl. van Dyk et al. 2009, S.542).

Im Jahr 1995 wurde die Pflegeversicherung eingeführt. Sie zeigte eigentliche eine gegenläufige Bewegung zur Privatisierung von Risiken im Wohlfahrtsstaat. Allerdings waren die Leistungen nicht so konzipiert, dass sie alle Bedarfe abdeckten. Zudem standen weniger Frauen als ‚sozialpolitische Ressource' zur Verfügung. Bei wachsendem Pflegebedarf bleibt nun eine Versorgungslücke, die durch informelle Arrangements der Pflege ausgeglichen werden muss. Beobachtbar wird eine deutliche ‚Vermarktlichung' des Pflegesektors, da die Pflegeversicherung hauptsächlich darauf hinausläuft, dass die private Versorgung öffentlich gefördert wird. Im Bereich der Pflege zeigt sich, im Vergleich zu vielen anderen Feldern, eine Auslagerung des subjektiven Faktors aus der professionellen Arbeit. Für dieses Outsourcing, also die Auslagerung der bisher von Unternehmen erbrachten Leistungen an außenstehende Dienstleister*innen, werden bevorzugt die ‚fitten' Alten oder auch migrantische Haushaltshilfen als kostengünstige Lösung genutzt. Die ‚jungen' Alten tragen scheinbar eine besondere Verantwortung im Hinblick auf die Pflege Hochaltriger und die Bewältigung des demografischen Wandels. Ein neuer kategorischer Imperativ könnte lauten: ‚Pflege die ältere Generation, so wie du später selbst gepflegt werden willst!'.

Der soziale Wandel der vergangenen Jahrzehnte ist komplex. Er ist nur dann zu erfassen, wenn neben den Entgrenzungen von fordistischen Zonen der Normalität, gemeint sind beispielsweise die flexiblen Inwertsetzungen und prekären Einschlüsse von zuvor ausgeschlossenen Personen, auch forthin bestehende radikalisierte soziale Ausschlüsse betrachtet werden. Van Dyk erwähnt hier die sozialen Randzonen. Diese sollen als Lösung für die Krise des Sozialen genutzt werden. Als Beispiel nennt sie die Auslagerung des subjektiven Faktors in der pflegerischen Arbeit.

Hier zeigt sich, wenn die ‚jungen' Alten adressiert werden, ein Modus von flexibler ressourcenorientierter Normalisierung. Durch die beweglichen ‚Grenzregime' wird im flexiblen Kapitalismus ein ‚Draußen' geschaffen. Sie stellen einen Umschlagpunkt da, der nicht nur ein ‚Mehr' an Benachteiligung aufzeigt, sondern darüber hinausgeht und eine disziplinierende Wirkung im Kontext der sozialen Randzonen darstellt. Ein Beispiel für entmenschlichende Radikalität, die andere Formen von sozialer Benachteiligung überschreitet, zeigt sich, wenn Menschen durch Vernachlässigung im Pflegeheim in ihrer körperlichen Integrität angegriffen werden. Van Dyk konstatiert, dass außerhalb der Normalitätszonen andere Regeln bestehen. Der Alltag derer, die nicht als soziale Personen adressiert werden, kennzeichne sich durch das Verzichten auf Rehabilitation, Deaktivierung, Demobilisierung, Entzug von Verantwortung und Infantilisierung.

Zeitgleich dürfen die Individuen, die nicht als soziale Personen adressiert werden, nicht vereinheitlicht werden. Van Dyk (2013) spricht hier von den „ ‚unbewohnbaren' Zonen des sozialen Lebens" (ebd., o.S.), die vielfältig sind. Auch wenn die sozialen Ausschlüsse sehr radikal sind, wäre es irreführend aus den dort gelebten Leben fehlende Handlungsmacht oder extreme Auswegslosigkeit zu schlussfolgern. Durch eine solche Perspektive kann der Blick auf subversive Lebensstrategien und alltägliche Aneignungsprozesse versperrt werden. Van Dyk verweist an dieser Stelle auf den Protest von Asylbewerber*innen aus ganz Deutschland gegen die Lagerunterbringung und Residenzpflicht. Der ihnen zugewiesene Ort wurde durch sie verlassen. Sie haben sich der verordneten Sprachlosigkeit entgegengesetzt und sich Gehör verschaffen. Doch nicht nur das: Sie haben das Risiko gewagt, sichtbar zu werden und sich politisch ermächtigt (vgl. van Dyk 2013, o.S.).

1.2 Therapeutisierung der Gesellschaft – Zur Regierung der Psyche

Das Verständnis der gegenwärtigen Gesellschaft und die ihr zugrundeliegenden Denk- und Handlungsweisen werden sowohl durch neoliberalistische Prinzipien als auch durch eine Therapeutisierung der Gesellschaft maßgeblich mitbestimmt.

Das neoliberalistische Denken ist den Grundprinzipien des Liberalismus verpflichtet, nicht mehr nur auf die Wirtschaft begrenzt und bringt Effekte mit sich, die sich auf verschiedene Teile der Gesellschaft auswirken (vgl. https://www.bpb.de/nachschlagen/lexika/lexikon-der-wirtschaft/20176/neoliberalismus).

So ist zum Beispiel die Soziale Arbeit nicht marktfern, definiert Produkte und steht in Konkurrenz zu anderen Anbieter*innen (vgl. Rau 2016, S.647f.).

Das Konzept der Gouvernementalität weist auf die zunehmende Bedeutung disziplinierender Techniken in Zeiten des Neoliberalismus hin. Dazu zählen Technologien, die das Subjekt zum eigenverantwortlichen Tun zwingen und als Standard setzen, so dass jeder als eigenverantwortlicher Gestalter seines Lebens Glück und Pech selbst verschuldet. Das Leben wird von strukturellen Faktoren losgelöst und ist ein individuelles Projekt (vgl. Spetsmann-Kunkel 2013, S.4f). Eine sichtbare Wirkung des Prozesses der Therapeutisierung der Gesellschaft ist die zunehmende Individualisierung und Entpolitisierung von gesellschaftlich bedingten Interessenkonflikten und strukturellen Widersprüchen. Es geht darum, dass therapeutische Praktiken und Perspektiven in zunehmendem Maß die gesellschaftliche Wahrnehmung und Bearbeitung von politischen, sozialen, kulturellen, ökonomischen Konflikten und Verhältnissen bestimmen.

Die Eigenständigkeit der Therapeutisierung begründet sich durch einen historisch neuen Typus der Macht, der sich der Form der Psychopolitik bedient und die Art der Subjektivierungs- und Vergesellschaftungsweise grundlegend verändert. Das Konzept der Gouvernementalität als Pyschopolitik beschreibt, wie der Mensch durch den Modus der Psyche regiert wird. Dieser historisch neue Typus der Macht umfasst Formen der Aktivierung, der Selbstführung sowie Praktiken der Selbstoptimierung, die man nach Foucault als Techniken des Selbst beschreiben kann. Die Psychopolitik stellt für die Therapeutisierung der Gesellschaft einen wichtigen Pfeiler unternehmerischer Praktiken dar, welche dem Neoliberalismus Ansatzpunkte für Strategien der Regierung geben kann (vgl. Rau 2016, S.648f.).

Gouvernementalität bezeichnet also Macht- und Wissenskomplexe, in denen sich die Formen der politischen Regierung der Führung des Selbst bedienen. Durch die Neufiguration des Menschen als unternehmerisches Selbst und als homo oeconomicus, der sein eigener Produzent, sein eigenes Kapital sowie Einkommen ist, wird als Individuum gouvernementalisierbar. Dieses Konzept fungiert als Problematisierungsformel für menschliches Verhalten und gilt als Ausgangspunkt für politische und ökonomische Verhaltenssteuerung. Aktuelle Regierungsstrukturen schaffen Anreize sowie Aktivierungs- und Ermächtigungsprogramme. Zeitgleich setzen sie allerdings auf das unternehmerische Selbst. Die Selbstoptimierung erweist sich als Versuch einer permanenten Anpassung an Umstände, die man nicht zu verantworten hat, für deren Wirkung man aber verantwortlich gemacht wird.

Das Selbst erfährt eine Neufiguration, denn alle Techniken des Selbst etablieren einen Zirkel aus kontinuierlicher Evaluation des Selbst und daraus abgeleitete Anpassungen der Selbstführung (vgl. Duttweiler 2016, o.S.). In diesem Kontext spricht Kessl (2005b, S.32) von einer „subjektiven Lebensgestaltungsverantwortung", die unabhängig von den sozialen Möglichkeiten der Teilhabe der einzelnen verlangt wird. Das setzt voraus, dass die Individuen „Einfluss nehmen können auf eben diese Gestaltung ihrer Handlungsvollzüge" (Kessl 2005a, S.180). Jede*r soll unabhängig davon, wie die Zugangsbedingungen verteilt sind, sein Leben selbst aktiv gestalten (vgl. Bröckling 2019, S.283).

Die Psyche ist ein Produkt der Moderne und Ausgangspunkt für zahlreiche Psy-Disziplinen, die im Kontext der Therapeutisierung maßgebliche Schrittmacherdienste geleistet haben. In diesem Kontext sind sowohl die Entwicklung vom Feudalismus zum Kapitalismus als auch die sich entwickelnden neoliberalistischen Logiken interessant, die nicht mehr nur in der Wirtschaft verortet sind, sondern sich auf verschiedenen gesellschaftlichen Ebenen etablieren. Bedeutend ist die Frage, wie die Vorstellung der Psyche, wie wir sie kennen, überhaupt entstanden ist. Innerhalb der Moderne zeigen sich zwei Aspekte, die von besonderer Bedeutung für die Therapeutisierung der Gesellschaft sind. Zum einen sind es die Psy-Disziplinen, die Anfang des 20.Jahrhunderts begannen ihr Wissen weit zu streuen, dieses zur Verfügung stellten und behaupteten grundlegendes vom Menschen zu wissen. Die Psy-Wissenschaften erlangten zunehmende gesellschaftliche Bedeutung. Zum anderen verdrängten hermeneutisch verstehende Ansätze die Vormachtstellung von einer naturwissenschaftlich experimentellen Psychologie. Freud und die Psychoanalyse galten hier als entscheidende kulturelle Matrix in Bezug auf den Aufstieg des Therapeutischen innerhalb des Psychobooms der 1960er. Das Reparaturmodell wurde zugunsten einen Wachstumsmodells aufgegeben. Die Psyche galt nun als Ort, der durch die Arbeit am Selbst verändert werden kann und an dem, um der Normalität Willen, gearbeitet werden muss. Normalität ist also kein Zustand mehr, sondern eine Aufgabe. Normale Menschen werden Adressat*innen der Psychoanalyse. Die Soziale Arbeit kann in diesem Zusammenhang als wohlfahrtsstaatlicher Transportriemen des Therapeutischen betrachtet werden (vgl. Rau 2016, S.649-653).

Im Prozess der Therapeutisierung nimmt die zweite deutsche Frauenbewegung eine bedeutende Position ein. Kollektiv vertrat sie das Anliegen die Privatsphäre zu politisieren. Letztlich resultierte daraus aber eine Privatisierung des Politischen, eine Entpolitisierung durch Therapeutisierung. Aus der Sicht des Individuums verbirgt sich eine kleine Revolution im Emanzipationsversprechen der Therapeutisierung, da das Individuum erstmals in der Geschichte die Möglichkeit hat sich durch die Arbeit am Selbst zu befreien. Als Beispiel dafür gilt die zweite Deutsche Frauenbewegung.

In diesem Zusammenhang ist eine Politisierung des Privaten ohne das Element der Selbsterfahrungsgruppen, nicht zu denken. Die zweite deutsche Frauenbewegung bediente sich direkter und indirekter Anleihen aus der Psychoanalyse und entwickelt Selbsttechniken, um sich selbst zu befreien. Man ging davon aus, dass sich das Politische in psychischen Strukturen niederschlägt und das Sprechen über das Private ein notwendiger Schritt zur Emanzipation ist. Die Psyche hat hier den Status eines Ortes, an dem feministischer Widerstand realisierbar wird. Bedeutend ist, dass sowohl der neue Herrschaftsdiskurs als auch Ansätze widerständigen Handelns der Therapeutisierung den Weg bereiten. Der Aspekt der Handlungsfähigkeit ist auch für die Soziale Arbeit ein wichtiger Anspruch. Individualität soll so beschaffen sein, dass Menschen aus sich selbst heraus handeln und sich von dort aus verändern können. Personen werden nicht länger durch eine äußere Ordnung bewegt, sondern müssen sich auf innere Antriebe und Fähigkeiten stützen. Durch eine Therapeutisierung der Gesellschaft werden unsere Leben psychologisch. Es entwickelte sich eine Subjektivierungs- und Vergesellschaftungsweise, die durch das Therapeutische informiert ist (vgl. Rau 2016, S.654ff.).

1.3 Das unternehmerische Selbst – Eine Politik des Verhaltens

Die Figur des unternehmerischen Selbst bestimmt zunehmend die Lebensphase Alter(n). Die gesamtgesellschaftlichen Aktivierungslogiken erreichen die Lebensphase Alter und den damit „wohlverdienten" Ruhestand. Als Unternehmer*innen ihrer selbst sind die Senior*innen für Gesundheit und Krankheit selbst verantwortlich. Die Biomedikalisierung stellt hierbei eine Sicht auf das Altern dar, die vor allem durch medizinische Praktiken und Theorien bestimmt wird und das (Selbst)Verständnis prägt. Historisch sind Altersbilder einem regen Wandel unterzogen. Relativ konstant ist die Darstellung von Älteren in Verbindung mit Siechtum und körperlichem Verfall. Neu ist es, dass Altersschwäche als unvermeidbares Anhängsel des Alterns einer eingehenden Diagnose unterzogen wird und als nicht naturgegeben, sondern behandelbar konstruiert wird (vgl. Denninger et al. 2016, S.511).

Sowohl in der Sozialpolitik als auch in der Sozialen Arbeit hat sich ein gravierender Wandel vollzogen. An die Stelle einer Politik der Verhältnisse, die vor allem die strukturellen gesellschaftlichen Bedingungen von sozialer Ungleichheit und sozialem Ausschluss diskutiert, rückt zunehmend eine Politik des Verhaltens. Das bedeutet, dass sich der Blick weniger auf gesellschaftliche Strukturen und Verhältnisse richtet, sondern vielmehr auf individuelle Verhaltensdispositionen, subjektive Einstellungen, Fähigkeiten und Merkmale der Persönlichkeit, die es zu diagnostizieren und zu behandeln gilt. Damit wird jeder seines eigenen Glückes Schmied und ist selbst für sein Leben verantwortlich, ob er kann und will oder nicht. Es geht nun also nicht mehr um die Arbeitslosigkeit oder Armut, sondern um den Arbeitslosen, den Armen. Eine Politik, die sich auf Strukturen bezieht und sich mit Macht- und Herrschaftsverhältnissen im Hinblick auf Konflikte der Geschlechter oder Klassen auseinandersetzt, wird von einer Politik verdrängt, die die Lebensführung und das Verhalten von Einzelnen oder Kollektiven ins Zentrum rückt. Letztere fokussiert nicht nur die Übereinstimmung mit geltenden Normen, sondern auch Konzepte der Steuerung und Kontrolle von Verhalten sowie 'Selbstsorge', die personalisierend sind.

Gefragt wird nach individuellen Lebensstilen und moralischen Aspekten. Mit unterschiedlichen Schwerpunkten ist eine Politik des Verhaltens in der gesamten Sozialen Arbeit zu erkennen. Durch einen neo-liberal geprägten Umbau gesellschaftlicher Strukturen erlangt sie jedoch eine neue Ausprägung. Im Hinblick auf die Soziale Arbeit zeigt sich, dass unterschiedliche soziale Bewegungen, wie unter anderem die Frauen- oder Jugendbewegung, versuchten sich politisch im Sinne einer Politik der Verhältnisse zu emanzipieren, verschiedene Anliegen öffentlich zu machen und einzufordern. Solche emanzipatorischen Prozesse blieben im geschichtlichen Verlauf jedoch eher ein Randphänomen. Anhorn et al. (2018) verweisen darauf, dass in der Tradition Sozialer Arbeit Probleme individualisierend wahrgenommen und bearbeitet werden und sie damit empfänglich für eine Politik des Verhaltens ist. Konzepte und Modelle, die den Einzelfall oder die Familie in den Vordergrund rücken und sich auf das Verhalten beziehen, stellen bis heute ein oft fraglos akzeptiertes Paradigma der Sozialen Arbeit dar. Differenzialdiagnostisch wird die Bedürftigkeit der Individuen geprüft, um ihnen dann selektiv und durch moralische Aspekte legitimiert Ressourcen zuzuweisen oder vorzuenthalten. Das heißt, dass Konfliktverhältnisse, die gesellschaftlich bedingt sind, in Fallgeschichten transformiert werden, die sowohl fachlich portioniert als auch personalisiert sind. Somit werden die ‚Fälle' professionell bearbeitbar und es scheint möglich ihr Störpotenzial aufzulösen.

Beobachtbar wird, dass Konfliktverhältnisse auf gesellschaftlicher Ebene, die mit einer herrschaftlichen Ordnung des Zugangs zu Ressourcen einhergehen, sich auf die Ebene persönlicher Verhaltensprobleme und sogenannter ‚Problemgruppen' verlagern. Diese als ‚problematisch' betrachteten Individuen oder Gruppen werden dann zum Gegenstand von einer Politik der Integration. Sollten sie jedoch ein andauerndes Problem der Ordnung darstellen, werden sie zu Adressat*innen repressiver und ausschließender weiterer Maßnahmen. Den jeweiligen Personen werden in diesem Zusammenhang Defizite in ihren Kompetenzen oder ihrem Verhalten zugeschrieben. Durch eine Kombination aus fördernden und fordernden, helfenden und kontrollierenden Maßnahmen sowie Selbstbestimmung und Zwang sollen diese Probleme der Ordnung bearbeitet werden. In Form von Konzepten wie Empowerment, Resilienz oder beispielsweise präventiven Programmen vollzieht sich dieser Prozess mithilfe einer professionellen Anleitung (vgl. Anhorn et al. 2018, S.1ff.).

Zu beachten ist, dass die Politik des Verhaltens und die der Verhältnisse sich nicht gegenseitig ausschließen und einander dichotom gegenüberstehen. Ihre Beziehung zueinander scheint nicht eindeutig oder absolut. Die neo-liberale fundamentale Kritik an einen Kapitalismus, der mit dem keynesianischen Modell des Sozialstaates einherging, orientierte sich nicht nur an einer Responsibilisierung und einer individuellen Aktivierung, sondern auch an einer „Kontraktualisierung des Verhältnisses von Bürger*in und Staat" (Anhorn et al. 2018, S.11). Sie zielte darauf die institutionellen Strukturen von Leistungen des Sozialstaates weitreichend zu verändern. Ein prägendes Beispiel dafür sind die sogenannten Hartz-Gesetze, denen zu Beginn der 2000er Jahre von der „Kommission für moderne Dienstleistungen" (ebd.) die Wege bereitet wurden.

Es folgte die Etablierung eines Systems, das sich durch marktwirtschaftlich-wettbewerbsorientierte (Anreiz-)Strukturen kennzeichnet. In diesem Zuge sollten und sollen sowohl veränderte Mentalitäten und Motive als auch Dispositionen des Verhaltens formiert und verstärkt werden, die im Hinblick auf eine Politik des Verhaltens darauf fokussiert sind nachhaltige Wirkungen zu entfalten, die das Verhalten steuern. Eine Politik der Verhältnisse richtet sich zunächst darauf eine soziale Infrastruktur auszubauen und versucht Sperren, die den Zugang zu politischen, kulturellen oder ökonomischen Ressourcen verhindern, abzubauen. Legitimiert werden Soziale Programme oft durch die Idee, dass sich die Verbesserung der Infrastruktur auf das Verhalten und die Modifikation der Einstellung auswirkt, was dazu führt, dass diese mit weniger Gewalt, Konsum von Drogen oder Kriminalität einhergehen.

Damit sei eine Grundlage für ein friedliches und geordnetes Zusammenleben in der Gesellschaft geschaffen. Innerhalb einer auf das Individuum zentrierten Politik des Verhaltens im Kontext neoliberaler Technologien von Macht- und Herrschaft erfolgt der Versuch die Subjekte dahingehend zu formen, sich selbst zu regulieren und sie als autonome Akteur*innen für ihre eigene Unterwerfung sowie Anpassung selbst verantwortlich zu machen.

Um im Hinblick auf Macht- und Herrschaftsverhältnisse eine kritische und verstehende Perspektive entwickeln zu können, ist es nötig „im Interesse einer emanzipatorisch verstandenen Politik der Verhältnisse über die (implizit) ordnungspolitischen Anliegen eines – nicht zuletzt in der Sozialen Arbeit - gängigen (Soziale – Probleme-)Diskurses hinauszugelangen, der sich mit der (Wieder-)Herstellung ‚guter' bzw. ‚besserer' Herrschaftsverhältnisse begnügt" (Anhorn et al. 2018, S.11). Es gilt Verhältnisse sichtbar und verfügbar zu machen, die zuvor nicht transparent waren. Sowohl auf einer handlungspraktischen als auch auf einer theoretischen Ebene heißt das für die Soziale Arbeit neben den Verhältnissen auch an solchen zu arbeiten, die das Verhalten befreien. Es geht darum strukturelle Voraussetzungen zu ermöglichen, die einen Beitrag dazu leisten „Gesellschaft als kollektiven Zwangsmechanismus", als „universale[n] Block" von Vergesellschaftungsverhältnissen, denen keine Facette des Verhaltens (mehr) entgeht, aufzuheben" (vgl. Adorno 1965, zit. n. Anhorn et al. 2018, S. 12).

Im aktivierenden Sozialstaat zeigt sich, dass jede*r selbst dafür verantwortlich gemacht wird Chancen in Eigenverantwortung zu realisieren, das eigene Leben zu gestalten und darüber hinaus ebenso einen Beitrag zum Wohl der Gesellschaft zu leisten. Im Sinne einer Politik der Aktivierung trägt die als selbstverständlich vorausgesetzte Selbstsorge sowohl einen Nutzen für die Gesamtgesellschaft als auch für die Volkswirtschaft. Als Beispiele nennt Lessenich (2018) unter anderem die Vorsorge für das eigene Alter, eine eigentätige Vorbeugung gesundheitlicher Risiken oder Weiterbildung. In einem versorgenden Wohlfahrtsstaat erfolgte ein passiver Bezug von Leistungen, der nun durch die aktive sowie eigen- und sozialverantwortliche Erbringung von Leistungen abgelöst wird. (vgl. Lessenich 2018, S.24). Dabei wird deutlich, dass die Individuen als eigenverantwortliche Akteur*innen des Marktes angerufen werden. Diese Anrufung geht „nahtlos in deren direktive Verpflichtung zur Markt vermittelnden Sozialverantwortung über" (Lessenich 2018, S.24). Im Zentrum der Sozialpolitik steht die Regulation von Verhaltensweisen, die als Problem identifiziert werden.

Dabei rücken die strukturellen Ebenen und die Veränderung problematischer Verhältnisse, wie beispielsweise der Pflegenotstand, in den Hintergrund (vgl. ebd., S.25).

2 Das Dispositiv des Alter(n)s

Diesem Buch liegt das Konzept des Dispositivs nach Michel Foucault zugrunde. Er selbst hat es jedoch nicht systematisch ausgearbeitet, weswegen es sehr unterschiedlich gedeutet und rezipiert wird. Ich möchte es als Analyseraster nutzen. Im nachfolgenden theoretischen Zugang befasse ich mich mit dem Dispositivbegriff und werde einzelne Facetten in gesonderter Weise verwenden. Da das Dispositiv des Alterns sehr komplex ist, werde ich mich auf spezifische Teilbereiche fokussieren, die sich auf das Thema und die Fragestellung zentrieren. Es ist zu berücksichtigen, dass nicht vorhergesehen werden kann, wie die Analyse ausgeht. Das Dispositiv erzeugt ein Netz zwischen den verschiedenen Elementen, das sowohl zeitlich als auch räumlich nicht abzugrenzen ist (vgl. Zelinka 2022, S.73).

Eine Analyse im Kontext des Dispositivbegriffs ist interessant, da sie es ermöglicht heterogene, sehr verschiedene Elemente zusammenzufügen. In Bezug auf das Alter kann gefragt werden, wie beispielsweise in der Wissenschaft über das Alter geredet wird und welche Alltagsdiskurse und institutionellen Gegebenheiten bestehen. Diese Arbeit soll nuanciert zur Forschung und Auseinandersetzung mit dem Alter(n)sdispositiv beitragen. Ziel dieser Dispositivanalyse ist es, das Dispositiv des Alter(n)s im Hinblick verschiedene Dynamiken zu betrachten, die mit ihm einhergehen. Das Alter(n)sdispositiv umfasst verschiedene Konstellationen von Interessen und Konfliktverhältnissen. Diese und auch andere Praktiken, die sich beispielsweise in Form von Diskursen, Akteur*innen, Politiken, und Institutionen zeigen, sollen beschrieben und in ihrer Vernetzung aufgezeigt werden (vgl. Anhorn et al. 2016, S.16). Nicht nur das Dispositiv, sondern auch das Alter(n) selbst soll in diesem Buch sichtbar gemacht werden.

Bevor der Begriff des Dispositivs näher ausgeführt wird, erfolgt eine kurze Einführung in Foucaults Diskursbegriff. Beide Konzepte sind kaum voneinander zu trennen, es sei denn der Diskurs wird auf Geschriebenes, Gesprochenes und Textförmiges reduziert. Dennoch soll nachfolgend eine Differenzierung erfolgen, um auf den Mehrwert des Dispositivs im Sinne eines erweiterten Blicks auf Vergegenständlichungen, Praxen und Machtstrategien aufmerksam zu machen und seine Potenziale hervorzuheben (vgl. Keller 2008, S.99). Das Konzept des Diskurses nach Foucault wurde im Kontext des ‚linguistic turns' (Bublitz 2003) in den Sozialwissenschaften sehr populär.

Es folgte eine weitläufige Rezeption des Begriffes in verschiedenen Bereichen der Soziologie (vgl. Becker 2018, S.14). Nach Foucault sind die Machteffekte des Diskurses von Bedeutung, die Wirklichkeiten konstituieren. Im Gegensatz dazu stehen zum Beispiel die linguistischen Konzepte des Diskurs-Begriffs. In deren Verständnis wird die Sprachordnung fokussiert, die durch die Aneinanderreihung von Redebeiträgen entstand (vgl. ebd., S.15). Nach Bührmann und Schneider (2008) können Diskurse als Redeweisen und Aussagepraktiken verstanden werden, die institutionalisiert sind (vgl. Bührmann et al. 2008, S.25). Sie stellen Aussageformen dar, die Wirklichkeiten konstituieren und Selbstverständliches sowie ‚Wahrheiten' produzieren. Das bedeutet, das Gegenstände durch Diskurse geschaffen und nicht nur abgebildet werden (vgl. Becker 2018, S.15). Bührmann et al. zu Folge sind Objekte und Gegenstände Produkte von Diskursen und werden durch diese geformt. Das geschieht durch die diskursive Art und Weise, *wie* über etwas gesprochen wird und was in Diskursen verschwiegen, gesagt oder als wahr oder falsch anerkannt wird (vgl. Bührmann et al. 2008, S.27). Deutlich wird, dass Diskurse erst durch Akteur*innen und Sprache in unterschiedlichen Praxisfeldern der Gesellschaft sowie institutionellen Kontexten ‚erwachen' und nicht bloß für sich selbst sprechen (vgl. Keller 2008, S. 99f.).

Nach Becker wird der Begriff des Diskurses von Foucault in dem des Dispositivs weiterentwickelt (vgl. Becker 2018, S.15). Sinnbildlich ist das Dispositiv als ein Netz zu verstehen, das Materialitäten und Diskurse aber auch Subjektivierungen umfasst. Es bringt Diskurse und Realitäten hervor (vgl. ebd., S. 16).

Nach Foucault umfassen die Elemente des Dispositivs „die heterogene Gesamtheit, bestehend aus Diskursen, Institutionen, architektonischen Einrichtungen, reglementierenden Entscheidungen, Gesetzen, administrativen Maßnahmen, wissenschaftlichen Aussagen, philosophischen, moralischen und philanthropischen Lehrsätzen" (Foucault 1977/2003, S. 392). Es geht immer auch um das, was gesagt und was *nicht* gesagt wird. Wichtig ist an dieser Stelle, dass das Konzept des Dispositivs nicht nur die Summe aller aufgezählten Elemente abbildet. Vielmehr ist es selbst „das Netz, das man zwischen diesen Elementen herstellen kann." (ebd.). Ziel des Dispositivs ist es also nicht alles Gegebene einer Bestandsaufnahme zu unterziehen, was sich entweder als Voraussetzung oder Folge von Diskursen ausmachen lässt.

Mit dem Konzept des Dispositivs werden sowohl diskursive als auch nicht-diskursive Elemente „zu Strategien von Kräfteverhältnissen" verknüpft (Foucault 1978, S.123). Im Sinne Foucaults stützen diese Strategien „Typen von Wissen" und werden wiederum von diesen gestützt (ebd.). Dispositive konstituieren somit Möglichkeitsfelder, die ‚wahres', gültiges Wissen umfassen. Deutlich wird, dass sie selbst schon immer Effekte machtvoller Beziehungen sind. Nach Foucault haben sie eine strategische Funktion (vgl. Foucault 1977/2003, S.392). Zentral ist hier, dass Dispositive „zu einem gegebenen historischen

Zeitpunkt" die Antwort auf einen „Notstand (urgence)" darstellen (Foucault 1978, S.120). Nach Bührmann et al. (2008, S.119) kann man Dispositive auch als Operatoren verstehen. Diese dienen der Lösung von gesellschaftlichen Problemlagen sowie Prozessen der Transformation. Das Dispositiv ist somit nach Foucault „immer in ein Spiel der Macht eingeschrieben" (1978, S.129). Zudem ist es „an Grenzen des Wissens"(ebd.) gebunden. Diese gehen nicht nur daraus hervor, sondern bedingen es zugleich (vgl. Bührmann et al. 2008, S.119). Die Entstehung von Dispositiven ist kein Zufall. Sie sind nicht intentional und ebenso wenig bedingt durch für die Allgemeinheit gültige Zusammenhänge von Ursache und Wirkung in der Gesellschaft. Sie stellen vielmehr strategisch gezielte Antworten auf Situation dar, die historisch spezifisch sind. Foucault spricht von der Vorstellung einer „Strategie ohne Stratege" (Foucault 1978, S.132). Das heißt jedoch nicht, dass die Akteur*innen, die in die Spiele der Wahrheit und Macht eingebunden und am Geschehen beteiligt sind, nicht dennoch versuchen ihre Interessen zu verfolgen.

Foucault beschreibt die Funktionsweise des Dispositivs als produktiv. Über spezifische Techniken der Macht und der Diskurse werden in den Dispositiven, je nach historischen und strategischen Voraussetzungen neben Objektivationen von diskursiven Prozessen und materialen Vergegenständlichungen vor allem auch Subjektivationen produziert. Als Objektivationen diskursiver Prozesse sind zum Beispiel Rituale, Gebäude, Artefakte sowie verfestigte objektivierte Regelwerke zu verstehen. Ein Beispiel für Subjektivationen bilden spezifische Subjektivitätstypen. Genannt werden kann hier exemplarisch der Typus des modernen „Begehrens-Subjektes" im Dispositiv der Sexualität (vgl. Bührmann et al. 2008, S.119). Attraktiv an Foucaults Konzeption des Dispositivs und an einer daran angelehnten Analyse ist, dass es im Vergleich zum Diskurs-Konzept ermöglicht, mehr Raum für nicht-diskursives Wissen zu eröffnen.

Es kann Wissen analysiert werden, das entweder noch nicht oder nicht mehr Gegenstand diskursiver Praxis ist. Zudem werden nicht nur symbolische Objektivationen, sondern auch materale Vergegenständlichungen nicht-diskursiver Praktiken berücksichtigt (vgl. ebd., S.120). Des Weiteren sind Dispositive immer im Kontext von Macht und Machteffekten zu betrachten, weil sie mit diesen verbunden sind. Erst diese Macht und die Effekte, die mit ihr einhergehen, ermöglichen eine Naturalisierung von Diskursen als Wissen.

In Foucaults Machtverständnis ist es von zentraler Bedeutung nach komplexen Verhältnissen und Mechanismen von Macht zu fragen. Er betont, dass Macht etwas sei, das man nicht besäße, sondern dass Macht vielmehr etwas ist, das sich entfaltet. Für ihn ist sie weniger als ein „Privileg" zu betrachten, das durch eine „herrschende Klasse" erworben oder bewahrt wird. Sie ist vielmehr „die Gesamtwirkung ihrer strategischen Positionen – eine Wirkung, welche durch die Position der Beherrschten offenbart und gelegentlich erneuert wird" (Foucault 2020, S.38). Wissensbestände, die die Herrschaft stabilisieren, werden durch Diskurse und Dispositive (re)produziert.

Im Zuge dessen produzieren sie unsere Welt ordnende Kategorien. Kategorisierungen, wie Geschlecht, Ethnizität oder in diesem Fall Alter werden durch Diskurse hervorgebracht. Bis sie zu naturalisiertem Wissen werden, erfolgt eine Verfestigung dieser durch stetige Wiederholung. Becker verweist auf Spivak (1985), die den Begriff des „worlding" nutzt. Dieser beschreibt nicht nur die Kategorisierungen von Welt, sondern „die Durchsetzung dieser Kategorien als Wahrheiten und damit als gegebene Ordnung der Welt" (Becker 2018, S.17). Mit diesen Konstruktionen von Differenz gehen Hierarchisierungen einher. Diese lassen Ungleichheiten entweder als „legitim" oder „illegitim" einordnen (ebd.).

Im Rahmen dieses Buches erfolgt eine Auseinandersetzung mit dem Dispositiv des Alter(n)s, um im Gegensatz zu einer reinen diskursanalytischen Perspektive, über die Analyse von Wissensordnungen hinauszugehen. Das Dispositiv unterliegt hier dem Verständnis von Michel Foucault, indem es als Ordnung der Verknüpfung zwischen heterogenen, nicht-sprachlichen und sprachlichen Elementen begriffen wird (vgl. Foucault 1978, S.120). Interessant ist dieses Konzept insbesondere, weil es ermöglicht zu verstehen, wie sich die verschiedenen Elemente zu einem Ganzen verbinden. Denninger et al. (2017) haben im Zeitraum von 1983-2011 drei Dispositive des Alters ausgemacht.

Diese überlappen sich und gehen in gewisser Weise auseinander hervor. Sie sprechen von dem Dispositiv des produktiven Alter(n)s, dem Dispositiv des Ruhestands und dem des Unruhestands (vgl. Denninger et al. 2017, S.32).

An dieser Stelle möchte ich den Rahmen dieser Untersuchung eingrenzen. Ich fokussiere mich auf das Aktive Alter(n) im Kontext eines aktivierenden Sozialstaates. Nachfolgend wird das Alter(n) zunächst als soziale Konstruktion veranschaulicht. Gezeigt wird, dass unterschiedliche Macht- und Diskurstechniken in unserer Gesellschaft Objektivationen wie das Ritual des Geburtstages oder beispielsweise objektivierte Regelwerke, die bestimmte Rechte und Pflichten mit dem Alter verbinden, (re)produziert.

Im Hinblick auf das Verhältnis von Wissen und Macht ist insbesondere Kapitel 2.2 interessant, das sich auf die Gerontologie zentriert, die durch Forschung und die Produktion von neuem Wissen immer wieder neue Interventionsmöglichkeiten hervorbringt. Diese bringen wieder neues Wissen hervor(Wissens-Macht-Spirale) und wirken sich maßgeblich auf die Altersbilder in der Gesellschaft aus. In Kapitel 2.3 wird die macht- und wirkungsvolle Instanz der Altenberichte im Hinblick auf ihre Wirkung und den Paradigmenwechsel analysiert. Kapitel 2.4 widmet sich ausführlich den unterschiedlichen Diskursen über das Altern. Ein weiteres Element des Dispositivs bildet der Körper als Gegenstand politischer sowie diskursiver Entscheidungen und Objekt des Wissens in Kapitel 2.5. Abschließend folgt ein kurzer Einblick dahingehend, wie ältere und alte Menschen medial dargestellt werden.

2.1 Das Alter(n) als soziale Konstruktion

In diesem Kapitel stellt sich die Frage, woher Menschen wissen, wie alt sie sind. Ihr Alter erkennen Menschen daran, wie andere Menschen sich ihnen gegenüber verhalten. Die meisten wissen es, weil ihre Familie seit ihrer Geburt ihren Geburtstag feiert. Die Menschen in der westlichen Gesellschaft kennen das Alter, da die Gesellschaft das öffentliche Leben nach dem chronologischen Alter organisiert. Das Alter(n) wird nicht nur zum Ritual, sondern zudem bürokratisiert, was sich in altersbezogenen Rechten und Pflichten zeigt. Durch institutionelle Arrangements der modernen Gesellschaft wird von uns regelrecht verlangt anderen das eigene Alter(n) zu demonstrieren (vgl. Vincent 2003, S.8).

Das Alter scheint in unserer modernen Gesellschaft eine natürliche Tatsache zu sein. Wir erleben das Alter als eine Größe, die im Alltag allgegenwärtig ist. Nahezu selbstverständlich und oft unhinterfragt unterliegen wir beispielsweise rechtlichen Reglungen, die festlegen, wie man sich altersgemäß zu verhalten hat. Als Beispiel für diese Normen und Regeln erwähnen Schroeter und Künemund die Schulpflicht, die Berechtigung ein Fahrzeug zu führen und das Beziehen von Altersrenten. Sie verweisen auf Göckenjan, der von Erwartungscodes spricht, die an das Alter gestellt werden, innerhalb derer das Alter wieder und wieder konstruiert wird und implizit oder explizit eine Erinnerung an Verpflichtungen erfolgt. Im Rahmen dieser Codes werden Erwartungen modifiziert und Deutungen der Zeit kontinuierlich produziert (vgl. Schroeter et al. 2010, S. 393). Verschiedene Praktiken, wie das jährlich wiederkehrende Feiern des Geburtstages, der Vergleich von individuellen Merkmalen anhand eines Durchschnittswertes von Menschen in einem ähnlichen Alter (z.B. in Bezug auf gesundheitliche Beeinträchtigungen) und die daraus erfolgende Bewertung der Kollektive in Bezug auf das durchschnittliche Alter, führen dazu, dass in der Regel jeder von uns sein eigenes Alter kennt und nennen kann. Durch das Alter wird nicht nur unser alltägliches Leben strukturiert, sondern in Bezug auf die Biografien auch unsere

Erwartungen und Bilanzierungen. Die Kategorie Alter eröffnet nicht nur Möglichkeiten und Handlungsspielräume, sie begrenzt diese auch. Kategorisiert durch das Alter wird Individuen ein Platz in der Gesellschaft zugewiesen. Das Alter ist keinesfalls eine Tatsache der Natur. In historischen und interkulturellen Vergleichen zeigt sich, dass in anderen Gesellschaften zu anderen Zeitpunkten auch andere Normen und Grenzen des Alters existieren können. Dies bestärkt den Ausgangspunkt das Alter als soziale Konstruktion zu betrachten. Das Alter wird in dieser Gesellschaft zeitlich in Jahren „gemessen" und auch hierbei handelt es sich um eine soziale Konstruktion. Daher möchte ich mich zunächst mit der sozialen Konstruktion von Alterskategorien auseinandersetzen.

Sowohl die Diskurse und Theorien im Hinblick auf das Alter(n) als auch die Wirklichkeit und das Alter(n) unterliegen fortwährend Prozessen der Herstellung und Konstruktion. Wirklichkeiten können nicht „vollständig begrifflich eingefangen, sondern nur *symbolisch repräsentiert* werden" (Schroeter et al. 2010, S.394). Sie sind „immer schon symbolisch vermittelt und nur als solche wahrnehmbar - mit Hilfe sprachlicher Symbole" (ebd.). Infolgedessen ist all das sozial konstruiert, was wir unter der Kategorie des Altern(n)s verorten. Der Annahme folgend, dass ein Mensch die Umwelt, in der er lebt, nur durch Vermittlung wahrnehmen kann und Prozesse der Wahrnehmung und Beobachtung immer auch Interpretationen sind, bedeutet das, dass erst der Beobachter das Alter in seiner Bedeutung formt (vgl. ebd., S.394). Daraus kann geschlussfolgert werden, dass Begriffe, wie beispielsweise der des Alter(n)s, mehr Bedeutung beinhalten, als sie vorzugeben scheinen. Grundlegend für diesen Gedanken ist nach Schroeter und Künemund die Annahme, dass Organismen, um sie zu verstehen und beurteilen zu können, immer in Relation zu der Umwelt betrachtet werden müssen, die ihnen spezifisch ist. Die Autoren verweisen auf Plessner, der zeigte, auf welche Weise Menschen ihre Umwelten für sich einrichten und wie sie sich auf diese ausrichten. Der Mensch sei ein „exzentrisches Wesen" und damit in einem gewissen Maß „ortlos, zeitlos, im Nichts stehend, konstitutiv heimatlos". Zunächst müsse der Mensch „etwas werden". Der Mensch muss sich mit Hilfe „der außernatürlichen Dinge, die durch sein Schaffen entspringen" ein Gleichgewicht schaffen (Plessner [1929] 1975, S.310f., zit. n. Schroeter et al. 2010, S.394). Die Umwelten zeigen sich für jeden Menschen in unterschiedlicher Weise. Das bedeutet, dass einem Beobachter die Welt eines anderen nicht in seiner Ganzheit zugänglich ist. Beobachter*innen konstruieren und beschreiben keine ‚tatsächliche' Umwelt eines anderen. Sie können nur beschreiben, was sie beobachten. Das, was beobachtet wird, kann durch Begriffe symbolisch belegt werden. In dem Moment, in dem das Beobachtete durch die Akteur*innen symbolisch und begrifflich bearbeitet wird, wechselt es seine Gestalt. Ein Geschehen, das ursprünglich dynamisch war, wird vergegenständlicht. Lediglich die Summe der Teile eines ganzen wird wahrgenommen. Im weiteren Verlauf entstehen blinde Flecken, die durch eine Beobachtung höherer Ordnung entdeckt werden können. Doch diese führt zu anderen blinden Flecken. Zusammenfassend ist es nicht möglich eine Ganzheit erster Ordnung in reflexiver Weise zu erfassen. Dies schlägt sich in der Bildung von Begriffen nieder. Es besteht die Gefahr, dass die Begriffe wie beispielsweise ‚Lebensphasen', ‚Altersklage' oder ‚Altersgruppe', da sie ständig verwendet werden einer Verdinglichung unterliegen und als real bestehende Phänomene erachtet werden.

„Kein Begriff lässt sich finden, der tatsächlich ist, was er zu sein vorgibt" (Voss 2006, S. 112, zit. n. Schroeter et al. 2010, S.395). Dies führt dazu, dass es weder im alltäglichen Leben noch im wissenschaftlichen Kontext möglich ist, den Stellenwert der Beobachtung genau zu bestimmen. Das was bedeutend ist, lässt sich durch Zahlen und Begriffe nicht ganzheitlich einfangen. Die Begriffe und Zahlen ermöglichen es jedoch auf etwas hinzuweisen, das von Bedeutung ist. Im Hinblick auf die Alterssoziologie heißt das, dass in Beziehung zueinanderstehende Wechselverhältnisse zwischen Menschen und Umwelten durch eine mehr oder weniger statische Festlegung von Begriffen (Lebenslauf, Hochaltrigkeit, Generation) ‚substanzialisiert' werden. Dabei werden sie als objektive und konstante Tatsachen dargestellt (vgl. ebd., S. 395).

Definitionen, Begriffe und Zahlen sind keineswegs als bedeutungslos zu verstehen, da sie etwas fokussieren, das als bedeutsam erachtet wird. Über etwas Bedeutendes wird dann kommuniziert und weitere Beobachtungen erfolgen. Auf diese Art und Weise entsteht ein wissenschaftlicher Diskurs, innerhalb dessen Beobachter*innen über ihre Beobachtungen kommunizieren. Damit einhergehend konstituieren sie zeitgleich ein für alle Beteiligten real erscheinendes wissenschaftliches Artefakt. Kurzum erschafft die eingeengte Perspektive von Beobachtungen eine künstliche Bedeutung, die reduziert ist und blinde Flecken aufweist. Erfahrungsakte (empirisch) und die Bildung von Begriffen (symbolisch) formen das Beobachtete und grenzen es von anderen Formen ab. Im Ergebnis wird dann wissenschaftlich der Eindruck vermittelt, dass bestimmte Formen real existierend und konstant sind, wie beispielsweise das Alter(n).

Nicht nur Bilder und Definitionen, sondern auch Vorstellungen über das Alter können als Kommunikationskonzepte aufgefasst werden. Dieser Annahme folgend ist Alter nicht als Wirklichkeit existent. Es existiert viel eher im Kontext sozialer Praktiken, Ideen und

Deutungsmuster. Das wahrnehmbare Geschehen wird durch Annahmen und Theorien mal mehr und mal weniger gut erklärt. Von hoher Wahrscheinlichkeit ist es, dass die Theorien im Verlauf der Zeit durch ‚bessere' oder ‚neuere' abgelöst werden.

Betrachtet man das Alter(n) aus einer humanbiologischen Perspektive stellt sich die Frage, ob es nicht doch als empirisches Phänomen existiert, weil es sich um einen irreversiblen körperlichen Prozess handelt, in dem sich die Leistungsfähigkeit des Organismus, körperlich sowie geistig, vermindert (vgl. Schachtschabel 2005, S.53f. zit. n. Schroeter et al. 2010, S.396). Wenn man das Alter jedoch nur als biophysisch versteht, wird man der Komplexität des Alter(n)s nicht gerecht und läuft Gefahr ein reduziertes Verständnis diesbezüglich zu entwickeln. Schroeter und Künemund verweisen auf Mannheim und führen auf, dass die biologische Rhythmik des Menschen den Ausgangspunkt für die Phänomene des Alters und der Generationen bildet. Gemeint sind an dieser Stelle Aspekte, wie die Tatsache, dass Menschen sterben oder auch mit dem Alter einhergehende körperliche, geistige und seelische Veränderungsprozesse durchleben. Dadurch dass das Alter(n) sozial und biologisch unterschieden wird, liegt der Fokus weniger auf den ‚natürlichen' als vielmehr auf den gesellschaftlichen und sozialen Unterschieden des Alterns. Zu bedenken ist auch an dieser Stelle, dass das, was beobachtet wird, durch die Beobachter*innen geformt wird. Folgt man der Annahme, dass der Mensch weltoffen und exzentrisch positioniert ist, dann umfasst seine ‚zweite Natur' nicht nur Lebenspraxen die sozial geformt und kulturell hervorgebracht wurden, sondern auch wissenschaftliche Erkenntnisse, die dem Alltag innewohnen (Biologie, Naturwissenschaften). Aus dieser Perspektive kann das Alter(n) als Ergebnis kultureller Erkenntnisprozesse betrachtet werden, das symbolisch vermittelt wird. Damit ist Alter(n) nicht einfach naturgegeben und auch nicht ‚präkulturell'.

Im Rahmen eines Erkenntnisprozesses lässt sich biologisch Vorgegebenes nicht eindeutig von gesellschaftlich Konstruiertem trennen. Somit können auch biologische, naturwissenschaftliche oder medizinische Wissensbestände zunächst als Konstruktion verstanden werden. Die alltägliche und wissenschaftlich methodische Wahrnehmung des Alter(n)s ist kulturell geformt und für die biologische Verwirklichung des Alters erforderlich.

Die Wirklichkeit wird durch symbolische Repräsentanzen abgebildet. Symbole und Begriffe dienen als Bedeutungsträger.

Folgt man der Annahme, dass die Bestimmung des Alter(n)s durch die Naturwissenschaften eine soziale Konstruktion ist, entfällt die Trennung zwischen biologisch-natürlich und sozial-kulturell und „bleibt lediglich als idealtypische Trennung für spezifische Konnotationen bestehen." (Schroeter et al. 2010, S.397). Das heißt nicht, dass außerhalb dieser Konstruktion nichts existiert. Zu bedenken ist jedoch, dass im Prozess der Erkenntnis das, was biologisch vorgegeben ist nicht deutlich von dem was gesellschaftlich konstruiert ist, getrennt werden kann. Der Mensch existiert eingebettet in Umwelten, die ihn selbst hervorbringen. All diese Umwelten beinhalten für ihn Gegebenheiten, die ihm als seine eigene Wirklichkeit erscheinen. Alles, was er wahrnimmt, zeigt sich ihm als Ausschnitt oder Ansicht, weil es „vor dem Hintergrund eines Ganzen steht" (Plessner [1928] 1975, S.293, zit. n. Schroeter et al. 2010, S.397).

2.2 Die Gerontologie

Die Gerontologie setzt sich nicht nur mit der Beschreibung und Erklärung, sondern auch mit der Modifikation von physischen, psychischen, historischen, kulturellen und sozialen Dimensionen des Alter(n)s auseinander. Dies beinhaltet die Analyse von Umwelten und Institutionen, die für das Alter von Bedeutung sind und es konstituieren (vgl. Baltes/Baltes 1992, S.8 zit. n. Mann 2015, S.9).

Anhand der Disengagement-Theorie möchte ich aufzeigen, welche Relevanz und machtvolle Wirkung Erkenntnisse der Wissenschaft in Bezug auf die Entwicklung von Altersbildern haben können. Die Disengagement-Theorie ist vielseitig zitiert und löste kontroverse Diskussionen aus, die bis heute Bestand haben. Sie gilt als eine der ersten psychologischen Makrotheorien, die das Zurückziehen aus der sozialen Rolle und die Zufriedenheit im Alter miteinander in Verbindung brachten. Es folgte der Versuch die Erwartungen der Gesellschaft auf der Makroebene mit dem persönlichen Erleben des Alltags auf der Mikroebene in einen Zusammenhang zu stellen. In Bezug auf heutige Vorstellungen eines differenziellen Alter(n)s gilt diese Theorie als widerlegt.

Dennoch hat der defizitäre Blick des Disengagement-Ansatzes bis heute erheblichen sowie nachhaltigen Einfluss auf die Produktion von Altersbildern genommen. Das Altsein wird hierbei mit dem Kranksein gleichgesetzt. Diese stereotype Vorstellung zeigt sich im gesamten Feld der Pflege, Gesundheit und Versorgung im Alter (vgl. Mann 2015, S.10f.). In der Biologie wird das Alter(n) als deterministischer Prozess verstanden. Insbesondere das vierte Lebensalter wird als defizitär beschrieben. Das Bild von Arbeitnehmer*innen, die unproduktiv und in ihrer Leistung gemindert sind, bildet im Hinblick auf das dritte

Lebensalter den Hintergrund für Frühverrentungsprogramme in den 1980er Jahren, die legitim als Instrument des Arbeitsmarktes angewandt wurden.

Eine Gegenstimme zur Disengagement-Theorie bildet die Aktivitätsdebatte. In der ‚neuen' Gerontologie finden das erfolgreiche und das aktive Alter(n) Beachtung. Sie bezieht sich auf ein Individuum, das gestaltbar ist (vgl. Mann 2015, S. 11). Diesbezüglich erheben sich kritische Stimmen. Darstellungen, innerhalb derer Alter(n) nur ein Potenzial ist und keine Probleme aufweist, sollten im Hinblick auf eine Instrumentalisierung des Alters (ehrenamtliche Reservearmee) betrachtet werden. Wenn es zu einer gesellschaftlichen Norm wird, dass sich ältere Menschen produktiv und aktiv engagieren, so werden Menschen, die sich nicht engagieren können oder wollen ausgeschlossen und stigmatisiert. Bürgerschaftliches Engagement darf nicht zu einem Diskurs der Kompensation und Instrumentalisierung verkommen, durch den versucht wird Mängel der öffentlichen Hand zu verwalten oder auszugleichen. Im Rahmen einer kritischen Theorie der Gesellschaft wird nach Möglichkeiten von authentischer Subjektivität gefragt. Entfremdete Verhältnisse, wie beispielsweise die Instrumentalisierung von Menschen für funktionale Zusammenhänge des Ökonomischen oder Sozialen soll überwunden werden (vgl. Schulz-Nieswandt et al. 2011, S. 41, zit. n. Mann 2015, S.11f.).

Sowohl die soziale Exklusion als auch die Vielfältigkeit des Alter(n)s und Faktoren, die es erst ermöglichen ‚produktiv' zu altern, werden durch den Produktivitätsdiskurs nicht ausreichend abgebildet (vgl. Mann 2015, S.12). Um die Altersforschung und ihre Bedeutung für die Produktion von Altersbildern umfassend zu analysieren, werfen wir einen Blick in die gerontologische Forschung der 1970er Jahre, die ebenso wie die anglo-amerikanische Forschungstradition nicht untätig war. In diesem Zusammenhang sei auf die BOLSA (Bonner Gerontologische Längsschnittstudie) verwiesen. Seit den 1970er Jahren werden durch sie die Kompetenzen des Alter(n)s propagiert. Sie gilt als Auftakt einer Gerontologie, die differentiell ist. Zeitgleich ist zudem die BASE[2] zu erwähnen. Beide Studien nehmen Rücksicht darauf, dass das Alter(n) heterogen ist und können im Hinblick auf die wissenschaftliche Relevanz für die Produktion von Altersbildern der Gerontologie zugeordnet werden, die differenziell ist.

In Anlehnung an internationale Forschungen, die sich mit Prozessen des Alter(n)s auseinandersetzen, erfolgt mit diesen Studien erstmals eine Wahrnehmung des Menschen in seinem alltäglichen Dasein.

---

[2] Längsschnittliche Datenerhebungen der Berliner Altersstudie

Das heißt eine Person-Umwelt-Perspektive wird sichtbar (vgl. ebd., S. 12). Die BOLSA-Studie ist international sehr angesehen und in der deutschsprachigen Gerontologie eine der wegweisenden Untersuchungen. Ihre wissenschaftliche Erarbeitung vollzog sich von 1965 bis 1980/1981. Ein zentraler Aspekt, auf den die Studie hinweist, liegt darin, dass sowohl die Struktur als auch der Verlauf des Alterns vielmehr durch unterschiedliche und vielfältige Formen des Alterns geprägt, wird als dass sie ein Ergebnis der Altersnormen sind. In diesem Zusammenhang erfolgte eine Identifizierung von Altersstilen, die zur Folge hatte, dass auf wissenschaftlicher Basis zunehmend eine differentielle Gerontologie gefordert wurde. Insbesondere Korrelate des gesunden Alterns in Bezug auf psychologische, soziologische und medizinische Aspekte konnten erhellt werden (vgl. https://www.bionity.com/de/lexikon/Bonner_Gerontologische_L%C3%A4ngsschnittstudie_%28BOLSA%29.html).

Die BOLSA hat im Hinblick auf eine akademische Institutionalisierung Einfluss auf die deutsche gerontologische Forschung genommen und kann in den Kontext der Diskussion zur Disengagement- und Aktivitäts-Debatte zu Beginn der 1960er Jahre verortet werden. Bei der Berliner Altersstudie (BASE) handelt es sich um eine deutsche Studie, die multi- und interdisziplinär angelegt ist. Untersucht wurden nicht nur Aspekte zum Begriff des differentiellen Alterns, sondern auch Fragen bezüglich der Handlungsreserven und Kompetenzen von älteren und hochaltrigen Menschen. Innerhalb dieser Studie wurden vier theoretischen Orientierungen der gerontologischen Forschung nachgegangen. Hierbei handelt es sich um das Altern als systemisches Phänomen, das differentielle Alter(n), Kapazitäts- und Handlungsreserven, die ältere Menschen mit sich bringen könnten sowie Diskontinuität und Kontinuität im Verlauf des Lebens und Alterns (vgl. https://www.mpib-berlin.mpg.de/forschung/forschungsbereiche/entwicklungspsychologie/projekte/berliner-altersstudien).

Der Diskurs der Disengagement-Theorie wird durch einen Zugang zu einer differentiellen Gerontologie überwunden, in der sowohl die Varianz und Plastizität bis ins hohe Lebensalter als auch Rückzugserscheinungen und Einbuße Berücksichtigung finden. Zentral wird die Wechselwirkung des ‚alten' Menschen und seiner Umwelt. In den Fokus rücken eine kompetenzorientierte und selbstverantwortliche Führung und Gestaltung des Lebens. Die Gerontologie kann auch an der Schnittstelle zur Resilienzforschung betrachtet werden. Kurzgefasst beschreibt Resilienz die personale Kompetenz, kritische Lebensereignisse zu bewältigen. Eine besondere Bedeutung zeigt sich mit Blick auf das hohe und höchste Alter. Obwohl sich die Gesundheit körperlich, organisch und funktionell verschlechtert, darf nach dem BMFSFJ eine Beständigkeit der Lebenszufriedenheit bis ins höchste Alte angemerkt werden (vgl. BMFSFJ 2002, S.74, S.353; Mann 2015, S.13). Im Kontext dieser Arbeit ist es wichtig auch das Resilienz-Konzept einem kritischen Blick zu unterziehen, um eine Instrumentalisierung dessen zu verhindern, in der Menschen immer mehr eigene Ressourcen und Kompetenzen entwickeln, um strukturelle Faktoren und gesellschaftliche Verhältnisse auszugleichen, ohne dass diese jedoch Veränderung erfahren.

2.3 Die Altenberichte als machtvolle Instanz

Im Rahmen der Praxis und Konstruktion von sozialen Wirklichkeiten stellen Altersbilder einen zentralen generativen Mechanismus dar. Ein Mensch variiert sein Verhalten anhand von wahrgenommenen Wirklichkeiten und deren Interpretation und nicht bloß anhand einer objektiven Realität. Seine Wahrnehmung und Interpretation der Umwelt lenkt das Verhalten. Das zukünftige Alter(n) wird insbesondere durch vorherrschende Altersbilder geprägt. In diesem Kapitel erfolgt eine ausführliche Auseinandersetzung mit den Altersbildern, da diese Realitäten schaffen. Sie charakterisieren ein gesellschaftliches Verständnis von Alter(n) und bestimmen den Umgang damit (vgl. Mann 2015, S.2; BMFSFJ 2010, S.23).

2.3.1 Die Altenberichte – Ein kurzer Überblick

Nachfolgend sollen die Altenberichte der Bundesregierung aufgezeigt und im Anschluss daran im Hinblick auf das aktive Altern und ihre Wirkung bezüglich der Produktion von Altersbildern reflektiert werden.

Im ersten Altenbericht (1993) wird ein Gesamtbild der Lebenssituation von älteren Menschen im wiedervereinten Deutschland abgebildet. Er verfügt über einen allgemeineren Charakter. 1998 erschien der zweite Altenbericht, in dem das Thema ‚Wohnen im Alter' Berücksichtigung fand. Der dritte Altenbericht (2001) umfasst eine Bestandsaufnahme der Lebenssituation älterer Menschen in Deutschland, die die Wiedervereinigung und damit einhergehende Entwicklungen thematisiert. In ihm werden Zukunftsaussichten entwickelt und Handlungsempfehlungen für Felder der Politik ausgesprochen, die von besonderer Bedeutung für das Leben der älteren Menschen sind. Im Hinblick auf ein selbstständiges, produktives und aktives Lebensalter wird die Relevanz der gesellschaftlichen und individuellen Ressourcen betont.

Der im Jahr 2002 dargelegte vierte Altenbericht zielt darauf ein realistisches Bild des Lebens im hohen Alter zu zeichnen. Er befasst sich mit den Bedürfnissen von hochaltrigen Menschen und möchte damit eine Grundlage für Planungen und Entscheidungen in der Zukunft schaffen. Der Titel des Berichtes lautet ‚Risiken, Lebensqualität und Versorgung Hochaltriger – unter besonderer Berücksichtigung demenzieller Erkrankungen'. Ein Schwerpunkt lag darin Ideen und Vorschläge zu erarbeiten, wie die Versorgungssituation von Demenzerkrankten verbessert werden kann. Der fünfte Altenbericht (2006) wird unter dem Titel ‚Potenziale des Alters in Wirtschaft und Gesellschaft – Der Beitrag älterer Menschen zum Zusammenhalt der Generationen' veröffentlicht. Der Bericht fokussiert die Potenziale von älteren Menschen, die in verschiedenen Feldern untersucht wurden. Zu nennen sind an dieser Stelle die Bildung, Erwerbsarbeit, Familie, private Netzwerke, Seniorenwirtschaft oder auch die Einkommenslage. Im Jahr 2010 wurde der sechste Altenbericht ‚Altersbilder in der Gesellschaft' veröffentlicht, der aufzeigt, dass gesellschaftlich vorherrschende Altersbilder den vielfältigen Lebensstilen und Umständen älterer Menschen oft nicht gerecht werden. Dieser Bericht kann als Einladung gelesen werden die eigenen Altersbilder zu reflektieren und soll einen öffentlichen Austausch über angemessene Bilder des Alterns anregen (vgl. Mann 2015, S.14f.). Der siebte Altenbericht (2016) trägt den Titel ‚Sorge und Mitverantwortung in der Kommune - Aufbau und Sicherung zukunftsfähiger Gemeinschaften". Durch ihn wird gezeigt, über welche Möglichkeiten die Politik auf lokaler Ebene verfügt und was sie tun kann, um allen älteren Menschen die Möglichkeit eines guten Lebens im Alter zu bieten. Besonders zentral sind hierbei die Handlungsbereiche, wie die gesundheitliche und pflegerische Versorgung, das Wohnen sowie die Mobilität (vgl. https://www.siebter-altenbericht.de/). Im achten Altenbericht (2020) wird unter dem Titel ‚Ältere Menschen und Digitalisierung' untersucht, inwiefern sich Digitales und Technik positiv auf ein gutes Altern auswirken können. Es geht darum welchen Nutzen sie für ältere Menschen haben können. Im Fokus steht die Frage danach, welche Möglichkeiten durch digitale Technologien eröffnet werden können und wie sich das Leben im Alter durch zunehmend verbreitete digitale Technologien verändert. Hierbei wird erörtert an welcher Stelle Grenzen wichtig sind, um die Menschenwürde zu schützen oder sozialen Ausschluss zu verhindern (vgl. https://www.bmfsfj.de/bmfsfj/service/publikationen/achter-altersbericht-159918).

2.3.2 Die Bedeutung der Altenberichte – Ein Paradigmenwechsel

Mann verweist hier auf Kruse und Berner (2012), die den Ertrag der Altenberichte allgemein in einem differenzierten Zugang zu einem aktiven Alter(n) sehen. Sie folgen der Annahme, dass die Altenberichte in ihrer Erstellung im Grunde von dem Bemühen getragen werden sowohl zur Identifikation von gesellschaftlichen als auch politischen Rahmenbedingungen für ein aktives Altern beizutragen. Es soll aufgezeigt werden in welchem Ausmaß eine gelungene Passung von Person und Umwelt die Aktivität bis in hohe Alter erhalten und fördern kann. In diesem Kontext kennzeichnen sich die unterschiedlichen Altenberichte durch verschiedene Zugänge zum aktiven Altern. Betrachtet man sie in ihrer Gesamtheit, wird sichtbar, dass der Begriff des aktiven Alterns deutlich komplexer ist als im öffentlichen Diskurs angezeigt (vgl. Mann 2015, S.16).

Ein wirkungsvoller Paradigmenwechsel

In Bezug auf das Thema dieser Arbeit ist es von Bedeutung den mit dem fünften Altenbericht eingeleiteten Paradigmenwechsel in den Blick zu nehmen. Sichtbar wird ein Wechsel, der sich vom wohlverdienten Ruhestand abwendet und sich einem Aufforderungsparadigma zuwendet. Der Produktivitätsdiskurs bestimmte bereits den Dritten Altenbericht, doch nun wird er im Fünften und Sechsten Altenbericht in eine Thematik der Verantwortung eingeordnet. Seinen Ausdruck findet das aktive Altern in einem selbstverantwortlichen Leben (Selbstsorge) und in einer Mitverantwortung für andere. In der Mitverantwortung und im selbstverantwortlichen Leben spiegeln sich die individuellen und gesellschaftlichen Ziele der Teilhabe und Selbstbestimmung. Innerhalb der Altenberichte zeichnet sich in Bezug auf die Sorge für andere und Verantwortung zur Selbstsorge eine Entwicklung ab: Im Verlauf der Berichte erfolgte eine zunehmend deutlichere Formulierung der Erwartung, dass Menschen ihre Ressourcen im Alter mit- und selbstverantwortlich nutzen. Potenziale sollen entfaltet und entwickelt werden. Kein Zwang, aber dafür eine moralische Verpflichtung dazu Angebote wahrzunehmen, die dazu beitragen die Selbstverantwortung zu erhalten, wird im Fünften und Sechsten Altenbericht aufgezeigt (vgl. Mann 2015, S. 16f.). Betrachtet man die Altenberichte als eine Art der dauerhaften Beobachtung des sozialen Wandels und der Wohlfahrtsmessung, so liegt eine ihrer Aufgaben darin die Politik zu beraten und sozialpolitischer Interventionsmaßnahmen einer Bewertung unterziehen. Im universitären Bereich und in wissenschaftlichen Fachkreisen werden sie als ‚State of the art' Berichte für spezifische Felder der Alten- und Versorgungshilfe verwendet.

Des Weiteren sollen aktuelle Erkenntnisse zur Situation älterer Menschen öffentlich gemacht werden, wodurch die Öffentlichkeit einen gewichtigen Adressaten der Altenberichte darstellt. Es zeigt sich anhand dieser beiden Ziele ein Spannungsfeld, in dem zum einen Defizite thematisiert werden, an denen eine Steuerung und Messung aktueller sozialpolitischer Interventionen erfolgen kann und zum anderen Potenziale für die Öffentlichkeit wirksam gemacht werden, die sich auf die Bedeutung und den Umgang mit dem Alter positiv auswirken sollen (vgl. Mann 2015, S.17f.). Mann konstatiert, dass in Bezug auf die Wirkung der Altenberichte keine Analyse vorliegt. Mit Blick auf die Produktion von Altersbildern kann auf die jeweiligen Schwerpunktsetzungen der Berichte verwiesen werden.

Der Vierte Altenbericht beschäftigt sich im Kontext eines Spannungsfeldes des öffentlichen Potenzialdiskurs und der problemzentrierten Darstellung mit dem defizitären Alter. Er betont zwar die Varianzen, entwirft aber dennoch eine problemzentrierte Sichtweise. Im Fokus stehen die Fragen der Versorgung. Im Fünften Altenbericht hingegen werden die Problemgebiete und -gruppen in den Hintergrund gestellt und er befasst sich vordergründig mit dem Potenzialdiskurs. Der Sechste Altenbericht kann als ein Mittelweg gelesen werden (vgl. ebd., S. 18). Direkt zu Beginn des Sechsten Altenbericht wird aufgezeigt, dass die Untersuchung von Bildern des Alterns in Kultur, Politik, Wirtschaft und Gesellschaft Aufgabe der Kommission sei und sie aufzeigen soll, inwiefern sich dort eine differenzierte Ansprache Älterer sowie eine differenzierte Darstellung des Alters findet. Ihre Aufgabe liegt darin zu analysieren, ob die Ressourcen und Potenziale des Alterns in angemessener Form in den Altersbildern widergespiegelt werden und ob oder inwiefern die Altersbilder einem heterogenen Alter gerecht werden. Des Weiteren soll die Kommission klären, inwiefern sich die Bilder des Alterns sowohl auf die Beziehungen zwischen den Generationen, den kulturellen Fortschritt und die gesellschaftliche Teilhabe Älterer als auch auf die Entwicklung von Ressourcen und Potenzialen auswirken. Ein Anliegen ist es den Wandel der Altersbilder in der Vergangenheit und erwartbare zukünftige Veränderungen aufzuzeigen. Handlungsempfehlungen sollen für die Bereiche Politik, Kultur, Wirtschaft und Gesellschaft aufgezeigt werden, die sich auf einen veränderten Umgang der Gesellschaft im Hinblick auf Alter(n)sfragen zentrieren (vgl. BMFSFJ 2010, S.2). Deutlich wird, dass im Sechsten Altenbericht polarisierende Altersbilder dargestellt werden. Es zeigt sich jedoch, dass häufig negative Stereotypen vorherrschen, auch wenn sie als im Wandel begriffen werden. In ihm werden Möglichkeiten aufgezeigt, wie Bilder des Alterns zukünftig positiv beeinflusst werden können (vgl. Mann 2015, S.18).

Auswirkungen der Altenberichte auf die Altersbilder

Das Verhalten eines Menschen kovariiert nicht einfach mit einer objektiven Realität, sondern vielmehr mit Bildern, die er sich von etwas ‚objektiv' Gegebenen macht. Menschen begegnen der Welt, in der sie stehen, in Konstruktionen. Sie machen sich ihr eigenes Bild von der Realität, haben Hypothesen, interpretieren und schreiben Bedeutungen zu.

In diesem Kontext können Altersbilder als ein Prisma verstanden werden, wodurch ältere Menschen betrachtet werden, und das bestimmt, wie ihnen im Gefüge der Generationen begegnet wird. Die Art und Weise des Umgangs mit älteren Menschen hängt von den Altersbildern ab, die sehr vielfältig sind. Altersbilder sind notwendig, um der Komplexität des Alter(n)s begegnen zu können und sind nicht gleich als problematisch einzustufen. Auch Stereotypisierungen werden erst zum Problem, wenn sich stereotype Bilder (alt=krank) unhinterfragt verselbständigen und handlungsleitend werden. Es gibt Forschungen, die belegen, dass eine starke Varianz bis ins hohe Lebensalter besteht, bei der 60% der 90-jährigen Menschen keine kognitiven Einschränkungen aufweisen. Trotz solcher Erkenntnisse bestehen Probleme im Umgang mit dem Alter(n). Ein Mensch interpretiert in diesem Zusammenhang die Objektivität und aus dieser Interpretation resultiert sein jeweiliges Verhalten.

Zu fragen ist, welche Bilder wir selbst vom Alter(n) entwickeln und welche Bilder die kulturelle Form des Umgangs mit ihm prägen. Dem Anliegen einer Gesellschaft das Altern im Zentrum des kulturellen Miteinanders zu verorten, liegen spezifische Denkweisen und Voraussetzungen zugrunde. Generationenbeziehungen können hier als Ausdruck von Altersbildern verstanden werden, denn den Bildern des Alters ist eine bestimmte Grammatik in Bezug auf den Umgang mit dem Alter(n) zu entnehmen. Sowohl die Gestaltpsychologie als auch die kognitive Forschung zeigen auf, dass Wahrnehmung organisiert ist. Hierbei sind binäre Codes als kognitive Realität zentral, die auch bei den Bildern über das Alter(n) den Kern bilden. Innerhalb von universalen Klassifikationsmechanismen wird die Welt im menschlichen Geist unter anderem als arm-reich, schwarz-weiß, jung-alt, weiblich-männlich oder gesund-krank strukturiert (vgl. Mann 2015, S.19). Soziale Begegnungssituationen sind sehr komplex und es gilt diese aufzudecken, indem eine Entschlüsselung struktualer binärer Codes erfolgt. Mann versteht hierbei das hinter den universalen Klassifikationsmechanismen stehende Muster als spezifische Theorie einer Person. Der Mensch als Individuum und Person ist immer in einen zeitgeschichtlichen, biografischen und kulturgeschichtlichen Kontext eingebunden. In einem Schaubild veranschaulicht

Mann verschiedene binäre Codes zur Konstruktion sozialer Wirklichkeit[3] und konstatiert ein Beispiel anhand einer Übertragung drei binärer Codes auf das kalendarische Alter. Überträgt man den moralischen Code ‚gut-böse' als Universale, den einer ästhetischen Ordnung folgenden Code ‚schön-hässlich' und den medizinischen Code ‚gesund-krank' auf das kalendarische Alter, so erscheint der junge Mensch als ‚gesund, rein und schön' und der alte Mensch als ‚hässlich, krank und unrein'. Auch im Hinblick auf die Differenzierung des Lebensabschnittes in ein drittes und viertes Alter zeigt sich die Polarisierung des Alter(n)s durch das Bild der ‚alten' Alten, die als abhängig, krank, isoliert oder pflegebedürftig erscheinen und das der ‚jungen' Alten, die als aktiv, engagiert und gesund in den Blick rücken.

Rückblickend zeigt sich kulturvergleichend und kulturgeschichtlich, dass es kein ‚Blütezeit' des Alter(n)s gab, da sich der Umgang mit dem Alter(n) stets als ambivalent erwies. Das Alter(n) kann als widersprüchliches Kulturmuster verstanden werden, das durch historische Gegebenheiten und ökonomische Ressourcen geprägt wird. Es bewegt sich so im Verlauf der Geschichte zwischen den Polen der Wertschätzung oder Ausgrenzung, der Würde und Weisheit, aber auch Torheit (vgl. ebd., S.20f.).

Im Dritten Altenbericht werden die Altersbilder durch die Sachverständigenkommission folgendermaßen beschrieben: Unter Altersbildern können gesellschaftliche und individuelle Vorstellungen über das Alter(n), den Prozess des Älterwerdens oder Vorstellungen über ältere Menschen und deren mutmaßliche charakteristische Eigenschaften verstanden werden. Altersbilder beinhalten verschiedene Vorstellungen über Themen wie Autonomie und Abhängigkeit, Gesundheit und Krankheit, Gelassenheit und Weisheit, Freiraum oder Defizite und Kompetenzen. Außerdem berücksichtigen Altersbilder neben den Gedanken über den Tod und das Sterben ebenso die Sorgen über materielle Einbußen. Neben Aussagen, die das Alter beschreiben und erklären, umfassen Altersbilder normative Vorstellungen, die die Rechte und Pflichten älterer Menschen prägen und wertend sind. Altersbilder werden im Wechselspiel von Gesellschaft und Individuum sozial konstruiert. Auf der einen Seiten nehmen ältere Menschen durch ihr Handeln und ihren Lebensstil selbst Einfluss auf die Entstehung von Altersbilder und deren Veränderung. Auf der anderen Seite prägen die Altersbilder individuell und gesellschaftlich die Art und Weise wie ältere

---

[3] Kalendarische Ordnung (jung-alt), medizinische Ordnung (gesund-krank), ästhetische Ordnung (schön-hässlich), moralische Ordnung (rein-unrein, gut-böse), sozialräumliche Ordung (außen-innen) (vgl. Mann 2015, S.20 in Anlehnung an Schulz-Nieswandt 2004, S.53ff., Schulz-Nieswandt 2006a, S.81ff., S.137ff., Schulz-Nieswandt 2010, S.378

Menschen wahrgenommen und beurteilt werden, wie soziale Interaktionen mit ihnen gestaltet werden und die Erwartungen an das eigene Alter(n) und Lebenssituation (vgl. BMFSFJ 2001, S.64). Im Sechsten Altenbericht wird die Wirkung von Altersbildern auf drei Ebenen beschrieben. Die nachfolgenden Ausführungen beziehen sich maßgeblich auf das Kapitel 2.2 Altersbilder und Stereotype meiner Bachelorarbeit. Das Ende der Ausführungen wird durch einen Verweis sichtbar gemacht.

Auf der gesellschaftlichen Makroebene werden Altersbilder als kollektive Deutungsmuster bezeichnet. Diese entstehen und verändern sich innerhalb öffentlicher Auseinandersetzungen über das Alter(n). Exemplarisch sind dies Diskurse über die Potenziale des Alter(n)s, welche die Kompetenzen fokussieren und zu einem produktiven und aktiven Bild über das Alter beitragen.

Eine weitere Erscheinungsform zeigt sich im institutionellen und organisationalen Kontext. Sobald sich Altersbilder behaupten, die in öffentlichen Diskursen bestimmt wurden, können sie Teil der Struktur von Organisationen und Institutionen werden. Das bedeutet, dass sie für das alltägliche Leben von Menschen bedeutend werden. Gemeinschaftliche und kulturelle Vorstellungen darüber welche Aktivitäten, Rollen oder beispielsweise Verhaltensweisen für ein bestimmtes Alter als adäquat eingestuft werden, erhalten durch einen institutionellen Rahmen Handlungswirksamkeit. Diese wirkt sich wiederum auf Alltag, Lebensgestaltung, Pläne und Lebensläufe von Menschen aus. Ein Beispiel dafür stellen Altersgrenzen dar, die gesetzlich oder in anderer Form festgelegt sind (vgl. BMFSFJ 2005, S.36f.).

Auf der sozialen Mikroebene erscheinen Altersbilder als Bestandteil der persönlichen Interaktion. Das bedeutet, dass Altersbilder auf Kommunikations- und Interaktionssituationen im Alltag wirken. Zeitgleich werden sie in solchen Situationen generiert und entwickelt. Ein Beispiel für solche Begebenheiten zeigt sich in verbaler Form in Alterskomplimenten. Begegnungen und Interaktionen, in denen Fitness oder Aussehen als überraschend gut für ein bestimmtes Alter bewertet werden, beinhalten Altersbilder. Hierin wird ein tendenziell negatives Altersbild deutlich, da Alterskomplimente eine Vorstellung darüber implizieren, was in welchem Alter als normal gilt.

Altersbilder reproduzieren Normalvorstellungen und tragen zu deren Erhalt bei. Des Weiteren können Altersbilder als individuelle Überzeugungen und Vorstellungen in Erscheinung treten. Die Ebene einzelner Personen betrachtend, sind Bilder über das Alter(n) in

Vorstellungen, Anschauungen, Meinungen und Wissen über das Alt-Sein, Alter(n) oder die Gruppe älterer Menschen verankert.

Diese drei Erscheinungsformen von Altersbildern bedingen einander dahingehend, dass beispielsweise durch kollektiv bestehende Deutungsmuster des Alter(n)s auf institutioneller oder organisationaler Ebene Regeln entstehen und manifestiert werden können, die im Kontext von Institutionen und Einrichtungen Einfluss auf das alltägliche Leben von Menschen haben und eventuell individuelle Vorstellungen beeinflussen (vgl. ebd., S. 38f.).

Besonders interessant ist auch die Frage, wie ältere Menschen selbst das Alt-Sein empfinden. Eine Annäherung an diese Frage findet sich in der Self-Other-Diskrepanz. Diese beschreibt die Diskrepanz zwischen der Selbst- und Fremdwahrnehmung. Der auch als ‚social downgrading' bezeichnete Prozess beschreibt strategisch verwendete Vergleiche von älteren Menschen mit anderen Menschen im gleichen Alter. Hierbei ist das auf sich selbst bezogene Altersbild positiver und das allgemeine negativer bewertet. Das Bild über sich selbst im Alter wird beispielsweise mit Gelassenheit, Ruhe und Zeit in Verbindung gebracht, wohingegen Krankheit, Hilfebedürftigkeit oder Abbau bestimmter Fähigkeiten mit einem generalisierten Altersbild assoziiert werden. Andere Gleichaltrige werden demnach in einem Vergleich abgewertet. Dieses Phänomen ist in verschiedenen sozialen Gruppen beobachtbar, wobei die Ausprägung bei älteren Menschen besonders stark ist (vgl. Suck et al. 2005, S. 31f.). Die Diskrepanz kann darauf hinweisen, dass sich Ältere subjektiv als jünger empfinden (vgl. ebd., S.33).[4]

Auf allen drei Ebenen ist nach der Wechselwirkung zwischen dem Selbst- und Fremdbild zu Fragen. In der Literatur existieren verschieden Ansätze der Erklärung: Die Kontaminationshypothese, die Externalisierungshypothese und die Vergleichshypothese. Erstere geht davon aus, dass das Selbstbild durch das Fremdbild kontaminiert wird. Der zweite Ansatz steht im Gegensatz dazu und behauptet, dass die persönlichen Erfahrungen durch Externalisierung in das allgemeine Bild des Alter(n)s einfließen. Die Vergleichshypothese folgt der Annahme, dass das Fremd- und Selbstbild unabhängig voneinander bestehen. Im Prozess des Alterns werden Selbst- und Fremdbild miteinander abgeglichen. Da häufig eher negative Altersfremdbilder bestehen, verläuft der Vergleich mit den eigenen Erfahrungen in Bezug auf das Alter(n) meist positiv.

---

[4] Ende der Ausführungen aus meiner Bachelorthesis, S.12-14

Dennoch ist auch eine negative Entwicklung möglich. Nach dem Deutschen Alterssurvey (DEAS) hat sich über einen Beobachtungszeitraum von zwölf Jahren eine positive Entwicklung im Hinblick auf die Altersbilder gezeigt. Dieser positive Wandel wird mehr bei älteren als bei jüngeren Altersgruppen beobachtet. Trotz vielfältiger Altersbilder existieren weit mehr negative binäre Codes, die gravierende Folgen in Bezug auf den Umgang mit dem Alter(n) mit sich bringen.

Der Begriff der Altersdiskriminierung ist damit eng verknüpft und wird seit dem Ende der 1960er Jahre verwendet. Der Begriff ‚ageism' wird von Butler (1969) analog zu ‚rasicm' und ‚social class discrimanation' definiert (vgl. Mann 2015, S. 22f.). Als ‚Ageism' oder Altersdiskriminierung kann die Stereotypisierung und Diskriminierung einer Person aufgrund ihres Alters bezeichnet werden. Ähnlich wie bei anderen Formen von Vorurteilen handelt es sich bei ‚Ageism' um eine Voreingenommenheit, die Personen aufgrund ihrer wahrgenommenen Gruppenzugehörigkeit abwertet. Innerhalb europäischer Gesellschaften stellt die Altersdiskriminierung ein bedeutendes soziales Problem dar. ‚Ageism' wirkt sich auf das gesellschaftliche und individuelle Wohlergehen aus (vgl. Abrams et al. 2012, S.3). In der Altersdiskriminierung spiegelt sich zudem ein tiefergehendes Unbehagen der Gruppe jüngeren und mittleren Alters. Es zeigt sich eine persönliche Abneigung gegen das Altwerden, Krankheit und die Angst vor Ohnmacht und Nutzlosigkeit (vgl. Butler 1969, S.243). Trotz diskriminierender Erfahrungen im Bereich der Gesundheit oder Arbeit konstatiert der DEAS, dass das Phänomen der Altersdiskriminierung nicht mehr weit verbreitet zu sein scheint. Als Beispiel für die Wirkung von Altersbildern kann auf den Forschungsgegenstand stationärer Langzeitpflege verwiesen werden (vgl. Mann 2015, S.23). Zentral ist in diesem Kontext das Theorem des ‚Dependency Support Scripts' dem eine spezifische Ordnung der Interaktion zugrunde liegt. Das Abhängigkeitsunterstützungs-Skript als Bild im Kopf der Pfleger*innen kann im Kontext von Altersbildern, die defizitorientiert sind, zu einer Überbehütung (Overprotection) führen. Das hat ein Verhalten zu Folge, dass nicht auf Hilfe zur Selbsthilfe oder Empowerment ausgerichtet ist, sondern durch Abhängigkeiten geprägt wird. Wenn Pflege nicht aktivierend vollzogen wird, schwinden Selbsthilfepotenziale. Wenn man Altsein lediglich mit Kranksein, Pflegebedürftigkeit oder Abbau der Kompetenzen gleichsetzt, wird es von Hilfe abhängig gemacht und dem entsprechend behandelt. Durch eine Babysprache in der Pflege und Medizin erfolgt eine Infantilisierung des Alterns. Die aktivierende Pflege bleibt aus und zur Regression getrieben werden Rehabilitationspotenziale nicht ausreichend erkannt und ausgeschöpft (vgl. Schulz-Nieswandt/Köstler 2011, S.26, n. Mann 2015, S.24).

In Bezug auf soziale Ausgrenzung und Diskriminierung ist zudem die Infantilisierungsdebatte zu nennen. An dieser Stelle möchte ich anmerken, dass es für mich hierbei nicht darum geht die Potenziale der älteren zum gesellschaftlichen Zweck auszuschöpfen, sondern ihnen zu ermöglichen ihr Leben für sie gelingend zu gestalten.

Betrachten wir nun die drei Ebenen, auf denen Bilder des Alterns im Zusammenhang mit der Pflege wirksam und bedeutend werden. Auf der Makroebene lassen sich der Ausbau von Versorgungsstrukturen und die Qualität der Versorgung verorten. Zudem geht es auch um Lebensqualität. In Bezug auf die Gestaltung von pflegerischen Arrangements wird nach Würde und Achtsamkeit gefragt. Durch die genannte Forschung der zur ‚Overprotection' kann deutlich gezeigt werden, dass sich die Babysprache als soziales Muster der Interaktion auf der Mikroebene zeigt und im Sinne einer selbsterfüllenden Prophezeiung die Selbstständigkeit und Leistungsfähigkeit zurückgeht. Positiv und als Chance anzumerken ist, dass Altersbilder eine relative Konstruktion von sozialer Wirklichkeit sind und durch Diskurse verändert werden können (vgl. Mann 2015, S.24f.). Göckenjan verweist auf die Geschichte der Diskurse über das Alter(n) und darauf, dass es in diesem Zusammenhang nicht sinnvoll ist ein positives oder negatives Altersbild entlarven zu wollen. Beide Formen der Altersbilder finden sich als Standardcodierungen immer wieder und dies häufig in den gleichen Texten.

Zu analysieren ist vielmehr, und das ist insbesondere in Bezug auf Macht- und Herrschaftsverhältnisse von Bedeutung, welche Ziele der Diskurse mit dem Alter(n) verknüpft werden. Der Diskurs über das Altern verweist auf Probleme der Gesellschaft. Hierbei geht es häufig nicht um die Alten selbst oder das Alter und die Hochaltrigkeit (vgl. Göckenjan 2007, S.127). Verknüpft mit Foucaults Begriff des Dispositivs können die Diskurse über das Altern als Antwort auf einen gesellschaftlichen Notstand interpretiert werden. Deutlich wird, dass eine Polarisierung existiert, die sich, zugespitzt formuliert, zwischen gutem und schlechten sowie richtigem und falschen Alter bewegt. Hierbei handelt es sich um einen Diskurs, der dem alten Menschen an sich nur wenig Beachtung schenkt. Im Zentrum stehen die Ziele der Diskurse. In ihnen soll das Spannungsverhältnis der Altersklage und des Alterstrosts, die als ethische Pflicht an die Gesellschaft abgeordnet werden, aufgelöst werden.

2.3.3 Bürgerschaftliches Engagement

Im Folgenden soll exemplarisch die Schnittstelle von Engagement und Altersbildern aufgezeigt werden. Diese strukturelle Basis für eine Diskussion des bürgerschaftlichen Engagements bildet die Unterteilung in ein Drittes und Viertes Lebensalter. Dazu beigetragen hat ein „wohlfahrtsstaatlich" strukturierter Lebenslauf mit einem faktischen Alter des Renteneintritts, das unter der Regeleintrittsgrenze liegt. Eine ehrenamtliche Tätigkeit führen vor allem die Rentner*innen aus, die sowohl gut situiert, gesund und interessiert sind und über einen größeren zeitlichen Freiraum verfügen. Im Hinblick auf den Potenzialdiskurs kann das bürgerschaftliche Engagement als Ausdruck der Potenzialperspektive verstanden werden. Im Sechsten Altenbericht wird das bürgerschaftliche Engagement als ein Handlungsspielraum angesehen, in dem Altersbilder und Altersrollen erprobt und möglich werden. Dem Alter(n) werden hier offenere und umfassendere Bedeutungen zugeschrieben. Diese Bedeutungszuschreibungen ermöglichen die Exploration und Übernahme von Rollen und eine Rollenfindung, die von den Älteren selbst bestimmt wird (vgl. BMFSFJ 2010, S.139f.).

Der Sechste Altenbericht zeigt Bilder des Alterns in Staat, Zivilgesellschaft und Markt auf. Leitend ist ein Alter, das produktiv und aktiv ist. Das Leitbild des aktiven und produktiven Alterns ergänzt das Bild des wohlverdienten Ruhestands. Zeitgleich wird die Gefahr der Instrumentalisierung berücksichtigt. Diese widerspricht nicht nur einem differenzierten Altersbild, sondern auch der Selbstbestimmung im Alter. Seitens des Marktes existiert ein Leitbild, das sich an Kompetenzen orientiert.

An dieser Stelle ist auch der Mangel an Arbeitskräften zu erwähnen. In diesem Zusammenhang gilt es nicht nur die älteren Arbeitnehmer*innen zu halten, sondern diese auch nach dem Eintritt ins Rentenalter an die Unternehmen zu binden. Vergleicht man die zivilgesellschaftlichen Altersbilder mit denen des Marktes und des Staates, wird erkennbar das erstere differenzierter sind und die Möglichkeit gewährleisten neue Rollen zu entdecken und vorhandene Altersgrenzen relativiert werden. „Es geht auch um die Wirkung von Selbst - und Fremdbild. Das Selbstbild kann positiv beeinflusst werden und ein positives Fremdbild eines aktiven Alter(n)s, welches Produktivität, Tätigsein und Engagement transportiert, kann Orientierung geben" (Mann 2015, S.29). Auf der anderen Seite hingegen werden Altersbilder verbreitet, die mit einer ausgrenzenden Wirkung einhergehen.

2.4 Diskurse über das Alter(n)

Nachfolgend möchte ich mich intensiv mit den gesellschaftlichen Diskursen in Bezug auf das aktive und produktive Altern auseinandersetzen. Altersbilder, die bereits kurz erwähnt wurden, werden nun vertieft und ergänzt. Gesellschaftlich vorherrschende Altersbilder sind in Macht- und Herrschaftsverhältnisse eingebettet und wirken sich auf unsere alltäglichen Praktiken sowie unser Denken und Fühlen gegenüber dem Alter(n) aus. Sie wirken sich auf die Identität und die Verortung älterer Menschen in der Gesellschaft aus. Mein Ziel ist es verschiedene diskursive Elemente des Altersdispositivs und deren Verhältnis zueinander zu analysieren. In einem weiteren Schritt möchte ich analysieren, inwiefern sich diese Verflechtung diskursiver Elemente auf alltägliche Praktiken auswirkt, die das Denken, Fühlen und Handeln gegenüber dem eigenen und dem Alter(n) anderer prägen und inwiefern dadurch soziale Ausschließung (re)produziert wird.

2.4.1 Die ‚alten Alten' und die ‚jungen Alten'

Unter Altersbildern sind gesellschaftliche Vorstellungen bezüglich der Rolle, dem Wert und den Eigenschaften alter Menschen zu verstehen. Diese können konkurrieren und stereotyp sein. Aktuell und in den vergangenen Jahren tauch(t)en Bilder über das Alter(n) auf, die Schreckensszenarien beschwören und das Alter als Last darstellen. Durch die Thematisierung des Alter(n)s im Kontext von ‚Überalterung' oder exemplarisch dem ‚Generationenkrieg' werden negative Konnotationen geweckt. Zeitgleich besteht gesellschaftlich zudem ein Bestreben, das Alter(n) mit positiv bewerteten Attributen zu verknüpfen. Als Beispiel dafür können die Diskurse über ‚Best Ager', ‚Golden Oldies' oder das ‚produktive', ‚aktive' sowie ‚junge' Alter(n) aufgeführt werden. Es wird suggeriert, dass es für diese Gruppe vielzählige Möglichkeiten gäbe, das eigene Leben im Alter autonom und ‚erfolgreich' zu gestalten. Ältere Menschen werden nicht nur als konsumfreudig und reiselustig dargestellt, sondern zudem als gesellschaftliches Potenzial, da sie in Form einer ehrenamtlichen Tätigkeit etwas zum Gemeinwohl beitragen können und dies aus Perspektive eines aktivierenden Sozialstaates auch sollen. Neben diesen Vorstellungen über das Alter zeigen sich auch Bilder von Menschen, die pflegebedürftig, hochaltrig oder dement sind. Eine klar zu erkennende Differenz all dieser Altersbilder ist die deutliche Trennung in ‚jung' und ‚alt'. Wird das Alter als Differenzkategorie betrachtet, so zeigt sich, dass eine Bestimmung von ‚alt' nur in Relation zu ‚jung' oder auch ‚neu' erfolgen kann.

Interessant ist, dass sich die Kategorie ‚Alter(n)' selbst erneut durch Aufgliederung in ‚alt' und ‚jung' differenziert. Resultierend daraus kann von ‚jungen Alten' sowie ‚alten Alten' gesprochen werden. Neben Geschlecht, ethnischer Zugehörigkeit und Klasse stellt das Alter(n) eine weitere Kategorie dar, durch welche die gesellschaftliche Ordnung organisiert wird. Durch die Kategorie des ‚Alter(n)s' wird soziale Differenz deutlich markiert. Innerhalb eines Ordnungsvorgangs werden Personen anhand spezifischer Kriterien einer

Kategorie zugeordnet. Dies erfolgt durch Differenzierungen und Zuschreibungen von Bedeutungen, die sowohl kulturell als auch historisch variabel sein können. Das bedeutet, dass hier nicht die Realität abgebildet wird. Demnach sind Kategorien weniger als Ursprung, sondern vielmehr als Diskurseffekte zu verstehen. Pichler verweist auf die Beschreibung Butlers (1991), in der die Kategorien einen Schauplatz darstellen, auf dem Bedeutungen umkämpft werden. Diese Darstellung zeigt auf, dass die Aushandlung von Bedeutungen an Orten stattfindet, an denen sich verschiedene Kräfte messen und somit ein Aushandlungsprozess in Macht- und Herrschaftsverhältnisse eingebettet ist (vgl. Pichler 2010, S.415f.). Angelehnt an Butlers Begriff des ‚Gender Trouble' nimmt Haller (2004, 2005) Bezug dazu und spricht im Hinblick auf das Alter von ‚Ageing Trouble'. Durch diesen Begriff soll das Unbehagen der wirkungsvollen Konstruktionen des Alter(n)s seinen Ausdruck finden. Bilder über das Alter(n) sind immer im Kontext von Machtverhältnissen zu betrachten. Ihre wirkungsvolle Macht zeigt sich besonders darin, dass sie Wirklichkeiten (re)produzieren und nicht nur abbilden. Altersbilder haben einen bedeutenden Einfluss auf die Wahrnehmung von Menschen und wirken auf das Handeln dieser. Sie prägen das Altwerden jedes einzelnen Menschen (vgl. ebd., S.416).

Der Wandel der Altersstruktur kennzeichnet sich durch Merkmale wie Singularisierung, Hochaltrigkeit oder Feminisierung. Neben diesen sind weitere Merkmale die Verjüngung von Alterskohorten und Entberuflichung. Unter letzterer kann die Ausgliederung aus dem Berufsleben verstanden werden, die historisch neu ist und mit sich bringt, dass ein großer Teil derer, die im Ruhestand sind, gesund, aber zu alt für die Erwerbsarbeit ist. Gemeint sind hier die ‚jungen Alten'. Pichler verweist hier auf Laslett 1995, der den Begriff des ‚dritten Alters' prägte. Der Begriff der ‚neuen Alten' wird diesbezüglich synonym verwendet und verbreitet sich seit den 1980er Jahren im deutschsprachigen Raum. Mit der Entstehung oder vielmehr mit dem Erschaffen von Altersbildern, die mit Attribuierungen wie ‚neu', ‚jung', ‚aktiv' einhergehen und positiv konnotiert sein sollen, sind politische und ökonomische Interessen verknüpft. Ein Beispiel dafür ist die ehemalige deutsche Bundesministerin für Gesundheit Schmidt, die auf den zweiten Alterssurvey reagierte und ein neues Bild des Alter(n)s forderte. Sie verwies nach Pichler darauf, dass der Alterssurvey aufzeige, dass ältere Menschen nicht nur über Ressourcen, sondern auch über Potenziale verfügen. Diese seien für die Gesellschaft unverzichtbar. Der Alterssurvey zeige, dass sich insbesondere die ‚jungen Alten' in Form von Ehrenämtern betätigen wollen und sowohl ihre Fähigkeiten als auch Erfahrungen im beruflichen Kontext gesellschaftlich sowie politisch einbringen möchten.

Bereits im Jahr 2010 erheben sich Stimmen, die der Propagierung des neuen Altersbildes kritisch gegenüberstehen und eine Transformation von einem versorgenden zu einem aktivierenden Staat sichtbar machen. Mit diesem Wandel geht einher, dass Leistungen des Wohlfahrtsstaates abgebaut werden. Infolgedessen werden soziale Leistungen in den privaten und den Bereich des bürgerschaftlichen Engagements verlagert. Im Rahmen einer Aktiven Gesellschaft sollen die ‚jungen Alten' in das Erbringen sozialer Dienstleistungen einbezogen werden. Beispiele dafür sind die Übernahme von betreuenden oder pflegerischen Tätigkeiten oder auch die Ausführung von Ehrenämtern in Vereinen. Dabei sollen Anreize und Rahmenbedingungen geschaffen werden, innerhalb derer sich die ‚Alten' freiwillig und autonom engagieren können (vgl. Pichler 2010, S.416f.).

Auf den ersten Blick scheint diese Neuentdeckung des Alter(n)s für alle Beteiligten als gewinnbringend. Die neuen Bilder über das Alter(n) sind aus dieser Perspektive positiv konnotiert und wirken plausibel. Wer will schon auf einem Alter beharren, das ‚unproduktiv' sowie ‚negativ' ist und diese Win-Win-Situationen umgehen (vgl. van Dyk 2007, S.93). Bei der Entstehung von neuen Bildern über das Alter(n) sind die wissenschaftlichen Diskurse von besonderer Bedeutung. Die Wissenschaft wirkt aktiv auf die Konstruktion von Altersbildern ein. Wissenschaftliches Wissen von Expert*innen entfaltet eine wirkungsvolle Macht, indem es die Basis verschiedener Konzepte der Altenpolitik oder auch sozialen Altenarbeit bildet (vgl. Pichler 2010, S.417). Das Wissen wird nach bestimmten Diskursen zu einem allgemeingültigen System von Aussagen formiert. Dieses bildet die Grundlage, auf der die Konstruktion von Erwartungen und Verpflichtungen erfolgt. Menschen werden auf der Basis dieser Erkenntnisse gefördert, therapiert oder gestärkt (vgl. Schroeter 2002, S.85, zit. n. Pichler 2010, S.417). Wissenschaftliche Diskurse sind mit politischen und medialen Diskursen verknüpft und ineinander verstrickt. Im Hinblick auf ein Alter(n), das produktiv, erfolgreich oder aktiv ist sein soll, können wissenschaftliche Konzepte als Basis für eine Mobilisierung des Alter(n)s im Sinne einer aktivierenden Gesellschaft betrachtet werden. Einen wesentlichen Teil dazu, dass das Alter(n) heute nicht mehr nur als körperlicher Abbau betrachtet wird, sondern als stetiger Prozess der Entwicklung, hat die gerontologische Forschung beigetragen.

2.4.2 Das aktive, produktive, zu gestaltende und abhängige Alter(n)

In diesem Kapitel finden Konzepte Berücksichtigung, die der sozialen gerontologischen Forschung entstammen. Diese bilden die Grundlage für leitende Bilder des ‚jungen Alter(n)s und sind kritisch zu betrachten (vgl. Pichler 2010, S.417).

Das Bild des aktiven Alter(n)s ist auf die Aktivitätstheorie zurückzuführen. Diese kann bereits seit den 1960er Jahren als Antwort auf die Defizit- sowie Disengagementtheorie gelesen werden. Die Defizittheorie folgt der Annahme, dass die physische und psychische Leistungsfähigkeit generell abbaut. Die Disengagementtheorie beschreibt ein natürliches und nötiges Rückzugsverhalten aus Aktivitäten durch ‚die' Alten. Im Gegenzug wird im Rahmen der Aktivitätstheorie die Annahme vertreten, dass die sozialen und psychischen Bedürfnisse der Älteren dieselben sind, wie die der Menschen mittleren Alters. Dieser Ansicht folgend ziehen sich ältere Menschen nicht natürlicherweise aufgrund eines psychophysischen Abbaus zurück. Vielmehr tun sie dies, weil ihnen aufgrund einer gesellschaftlichen Ausgliederung Möglichkeiten der Beschäftigung entzogen wurden (vgl. Pichler 2010, S.417). Nach van Dyk ist die Aktivitätstheorie bedeutend, weil sie mit ihren grundlegenden Annahmen ein normatives Fundament für die Gerontologie, aber auch die Altenhilfepolitik darstellt (vgl. van Dyk 2007, S.98). Im Kontext der sozialen Altenarbeit liegt ein Ziel dieses Leitbild eines aktiven Alter(n)s in der Teilhabe am sozialen Leben.

Das erfolgreiche Alter(n) folgt der Annahme, dass Veränderungen oder Verluste, die durch das Alter bedingt sind, nicht einfach passiv hingenommen werden müssen. Vielmehr kann jede*r das eigene Alter(n) durch aktive Gestaltung beeinflussen. Das Bild des ‚erfolgreichen' Alter(n)s entwickelte sich hauptsächlich aus einer entwicklungstheoretischen Perspektive heraus. Das ‚successful ageing' wurde bereits in der 1960er Jahren von Havighurst eingeführt. Im deutschsprachigen Raum wurde der Begriff des ‚erfolgreichen Alter(n)s' insbesondere durch die ausgearbeiteten psychologischen Konzepte in Bezug auf das ‚erfolgreiche Alter(n)' von Baltes und Baltes verbreitet. Zentral am ‚erfolgreichen Alter(n)' ist das Prinzip einer Optimierung, die sich durch Selektion und Kompensation vollzieht (SOK-Modell). Diesem Modell liegt die Annahme einer Adaptivität beziehungsweise Verhaltensplastizität zugrunde. Aktivitäten, die nicht mehr geleistet werden können, sollen ausgeglichen werden. Durch eine Konzentration auf das Wesentliche soll eine Optimierung erfolgen (vgl. Pichler 2010, S.418).

Die Etablierung der Begriffe des erfolgreichen sowie produktiven Alters in den Altersdiskurs, kann als Antwort der Gerontologie, auf die für sie eher unbehaglichen negativ konnotierten Bilder des Alterns in der Gesellschaft gelesen werden. Beide Begriffe sind nicht eindeutig voneinander getrennt und dennoch sind sie nicht identisch. Das erfolgreiche und produktive Alter(n) verbindet, dass sie beide positiv konnotiert sind, obwohl sie jeweils verschiedene Sichtweisen darlegen. Das erfolgreiche Alter(n) richtet sich auf geistige, körperliche und soziale Kompetenzen sowie Ressourcen älterer Menschen. Anhaltspunkte für ein erfolgreiches Alter(n) sind zum Beispiel die psychische und physische Gesundheit, Lebensdauer, soziale Kompetenzen, Zufriedenheit, Sinn, persönliche Handlungskontrolle und auch gesellschaftliche sowie soziale Produktivität. Das bedeutet, dass gutes und erfolgreiches Alter(n) dann vermerkt werden kann, wenn im Durchschnitt immer länger gelebt wird, aber zeitgleich mentale, körperliche und soziale Gebrechen sowie deren psychische Verarbeitung geringgehalten werden.

Im Rahmen des produktiven Alter(n)s liegt der Fokus eher auf dem Nutzen und der sozialen Rolle älterer Menschen in der Gesellschaft (vgl. Schroeter 2008, S.966). Der Versuch den Begriff des produktiven Alter(n)s zu bestimmen, zeigt, dass dieser unklar und zudem uneinheitlich definiert wird.

In verschiedenen Definitionen wird die produktive Tätigkeit einerseits überwiegend im Kontext der Erwerbsarbeit sowie Freiwilligenarbeit im Dienstleistungsbereich verortet. Andere Definitionen beinhalten ergänzend den Bereich der Hausarbeit und individuellen Entfaltung (vgl. van Dyk 2007, S.101). Als zentrale Aspekte des aktiven Alter(n)s können jedoch die gesellschaftliche (Wieder-)Verpflichtung und die Tätigkeit im Ehrenamt genannt werden. Im Jahr 1996 setzt sich Tews dafür ein, dass das Alter(n) in seiner Produktivität mit einem gesellschaftlichen Nutzen zu verbinden ist und so auch verpflichtet eingefordert werden könne (vgl. Pichler 2010, S.418). Im Kontext der gerontologischen Debatte führt dies zu Kritik. Argumentiert wird, dass freiwilliges Engagement einen größeren Nutzen für die Gesellschaft bringe als die Pflicht sich zu engagieren (vgl. van Dyk 2007, S.102f.). Argumente wie die eines „wohlverdienten Ruhestands" oder einer „späten Freiheit" werden aus dieser Perspektive nicht aufgeführt. Es fällt auf, dass es auch hier um die Potenziale geht, die ältere Menschen für die Gesellschaft mit sich bringen. Wird die Kritik nun mit Tews Darlegung verglichen, zeigt sich, dass sich die normative Sicht auf alte Menschen lediglich dahingehend ändert, dass die Ansichten darüber, wie Ressourcen erschlossen werden, verschieden sind.

Sowohl das produktive als auch das erfolgreiche Alter(n) zeigen sich in einer utilitaristischen Perspektive (vgl. Schroeter 2008, S. 967). In utilitaristischen Handlungen geht es darum das Wohl der Gesamtheit zu erhöhen. Das bedeutet, dass für alle Menschen ein größerer Nutzen geschaffen werden soll (vgl. https://www.bpb.de/kurz-knapp/lexika/politiklexikon/18385/utilitarismus/). Es gibt zahlreiche Vorstellungen über erfolgreiches und produktives Alter(n). Gemeinsam haben die beiden Begriffe jedoch, dass sie, egal welchen man in Bezug auf das Alter zu bestimmen versucht, in irgendeiner Weise mit vorherigen Leistungen und Anstrengungen verknüpft werden. Betrachtet man den Begriff des Erfolgs in seiner Bedeutung umfasst er ein positiv bewertetes Ergebnis, das durch ein Bemühen erreicht wurde.

Dem zu gestaltenden Alter liegt ein Leitbild zugrunde dessen Annahmen aus der Individualisierungsthese und der Gesellschaftsdiagnose der ‚Reflexiven Moderne' entstammen. Dieser Perspektive folgend, kennzeichnet sich das Bild des Alter(n)s durch Pluralisierung. Prozesse der Freisetzung aus traditionellen Lebensvollzügen bringen neue Risiken und Möglichkeiten für das Alter(n) mit sich. Neue Ansätze der offenen Altenarbeit zielen darauf eine Kultur zu fördern, in der das Alter(n) in eigener Verantwortung gestaltet wird.

Zudem soll ermöglicht werden individuelles Leben und eine Balance dessen zu finden. Beispiele für solche Ansätze sind Modellprojekte, wie ‚Senior*innengenossenschaften' oder die ‚Initiative Drittes Lebensalter'. Im Kontext dieses Altersbildes unterliegen das Alter und die eigene Biografie der Notwendigkeit gestaltet zu werden. Neue Gestaltungsmöglichkeiten werden eröffnet (vgl. Pichler 2010, S.418f.).

Das gesellschaftliche Leitbild einer Subjektivität, die autonom ist (vgl. Pichler 2010, S.419), prägt die Bilder des ‚jungen Alter(n)s' und Konzepte, die diesen ähneln. Hier wird nicht nur auf Eigenverantwortung, sondern ebenso auf Eigeninitiative und Selbstbestimmung verwiesen. Die Autonomie nimmt eine zentrale Bedeutung für ältere Menschen ein, da sie zu einer leitenden Kategorie im Kontext der Sozial- und Bildungspolitik für Alte geworden ist. Bisherige Ansätze der sozialen Altenarbeit sind durch eine Art fürsorglicher Bevormundung geprägt. Im Gegensatz dazu sollen nun jedoch die Autonomie und das selbstbestimmte Handeln der älteren Menschen fokussiert werden. Auch hier ist die Individualisierungsthese von Bedeutung, aus ihr entspringt die Notwendigkeit zur Autonomie. Individualisierung bedeutet in diesem Kontext zum einen, dass Menschen aus traditionellen Rollen und Solidarmilieus freigesetzt werden und zum anderen ist es die Chance und/oder der Zwang das eigene Leben in eigener Verantwortung autonom zu gestalten und zu beeinflussen.

Zu beachten ist, dass ein nicht reflektierter und romantisierter Blick auf die ‚jungen Alten' jene vergisst, die den Bildern des erfolgreichen, produktiven und dynamischen Alter(n)s nicht gerecht werden. Kritische Ereignisse des Lebens erfahren hierbei wenig Berücksichtigung und werden im Alter nach hinten verschoben. Wenn der Fokus stetig auf Produktivität, Erfolg und Aktivität liegt, so wird ein Leistungsdenken zur Normalität. Orientiert wird sich an den Leistungsvoraussetzungen von Menschen im mittleren Erwerbsalten. Erscheinungen des Alter(n)s werden somit zu Abweichungen. Sie werden etwas Besonderes und ins Abseits verlagert.

Die Fokussierung auf Leistung trägt nicht zu einer Entstigmatisierung des Alter(n)s bei. Insofern nur von ‚gesundem Alter(n)' die Rede ist und Krankheiten sowie mögliche Einsamkeit oder Pflegebedürftigkeit nicht thematisiert werden, bleibt das Alter ein Tabuthema und Stigma. Es ist zu berücksichtigen, dass insbesondere privilegierte Gruppen angesprochen werden, wenn es darum geht das eigene Leben mit den dazugehörigen Fähigkeiten und Erfordernissen aktiv und verantwortungsvoll in die eigene Hand zu nehmen. Jeder ist seines Glückes Schmied – und so wird auch jede*r für das Gelingen oder Misslingen des eigenen Lebens indirekt selbst verantwortlich gemacht. Strukturelle Verhältnisse und Bedingungen wie beispielsweise ethnische Herkunft oder Geschlecht treten in den Hintergrund. Mit Blick auf Foucaults Begriff der Gouvernementalität zeigen sich die Aspekte der Autonomie und Freiheit in Bezug auf das eigene Handeln, die in den Bildern des ‚jungen Alter(n)s' propagiert werden, als Machtmechanismus im Sinne des Neoliberalismus (vgl. Pichler 2010, S. 419).

Nach Lemke et al. (2000) kann keine Trennlinie zwischen der Förderung von Handlungsmöglichkeiten und der Forderung der spezifischen Nutzung dieser scheinbaren Freiheiten gezogen werden. So können sich Handlungsfreiheiten zum Beispiel in einen Handlungszwang oder auch eine Entscheidungszumutung verwandeln. Es scheint so, als sei die Wahl der Handlungsmöglichkeiten ein Ausdruck des eigenen und freien Willens, sodass die Einzelnen selbst für die Folgen ihres Handelns verantwortlich gemacht werden. Selbstbestimmung, Wahlfreiheit und Verantwortung können im Kontext neoliberaler Gouvernementalität als Instrument verstanden werden, durch welches das Verhältnis der Subjekte zu sich und anderen verändert werden kann. Sie bilden nicht lediglich die Grenze des Regierungshandelns (vgl. Lemke et al. 2000, S.30, zit. n. Pichler 2010, S.419)

Pichler verweist darauf, dass Thane (2005a) für das Ende des 20.Jahrhunderts resümierend feststellt, dass es noch nie zuvor so viele chronisch erkrankte ältere Menschen und zeitgleich noch nie so viele rüstige, fitte Menschen in ihren 60er und 70er-Jahren gab (vgl. Pichler 2010, S.421).

Im Hinblick auf das ‚alte Alter(n)' scheint die Erschaffung von Altersbildern uninteressanter zu sein. Dennoch gibt es Bilder über das ‚alte Alter(n), die innerhalb der Medien besonders im Kontext von Pflegediskursen auftauchen. Hierbei handelt es sich weniger um Bilder über das Alter(n), die zu einer differenzierten Sicht auf dieses beitragen sollen. Vielmehr sind es solche, die neben den neuen Altersbildern im Sinne einer aktiven Gesellschaft übrigbleiben. Eine vollkommene Negierung von diesem ‚Rest' ist nicht möglich, da er im Kontext einer juvenilen Gesellschaft in einem gewissen Maße störend ist. Pichler verweist auf Thiersch, der sich im Rahmen eines Essays den schwierigeren Seiten des Altwerdens zuwendet. Körperliche Einschränkungen und ein Gefühl von Hilflosigkeit oder Trauer können eine alltägliche Erfahrung im vierten Lebensalter darstellen. Im Kontext der allgemeinen Diskussion über das Alter(n) und neben den positiven Altersbildern rücken sie an den Rand.

Die Thematisierung der negativen Aspekte des Alter(n)s stößt auf Kritik. So wird unter anderem von Mitgliedern einer Projektgruppe des Seniorenstudiums der Universität Köln in Bezug auf den Beitrag eines Autors, der sich mit leidvollen Aspekten auseinandersetzt, konstatiert, dass eine Überbetonung negativer Facetten des Alter(n)s nicht sonderlich dazu betragen würde eine neue Kultur des Alter(n)s zu etablieren. Interessant an diesem Beispiel ist, dass es hier die älteren Menschen selbst sind, aus deren Sicht die Betonung der leidvollen Seiten des Alter(n)s nicht zweckdienlich ist, wenn eine neue Kultur des Alter(n)s entwickelt werden soll. Anhand dieser Sichtweise kann veranschaulicht werden, dass die Rationalität des „homo Faber" die Vorstellungen von Menschen über Normalität prägt. In diesem Sinne betont zweckrationales Handeln und Denken nicht nur die Leistungen, sondern ist ebenfalls effizient. Die Körperlichkeit findet hierbei keine Beachtung. Die Gerontologie unterscheidet das Alter(n) in ein normales und ein pathologisches. Normal ist hierbei das funktionstüchtige, leistungsfähige Alter(n) während ‚nicht normales' Alter(n) mit körperlichen Krankheitsprozessen einhergeht (vgl. Pichler 2010, S.421). Dem Alter scheint eine Enthüllungsgefahr inne zu liegen. Nur weil es als das nicht-funktionale Andere nicht erwünscht ist, heißt das nicht gleich, dass es besiegt ist. Vom Alter geht die Gefahr aus zu enthüllen, dass das menschliche Leben Grenzen hat. Die Reflexion des Alter(n)s durch Schachtner kann als Zivilisationskritik betrachtet werden.

Das subversive Potenzial des Alter(n)s zeige der Gesellschaft eine Entwicklung auf, die sich gegen die Natur des Menschen richte. Obwohl ein defizitäres Bild des Alterns in der Gerontologie als überholt gilt, ist es im alltäglichen Verständnis weiterhin präsent. Auch der Versuch einer Korrektur einer defizitären Sicht durch neue Konzepte kann nicht überdecken, dass defizitäre Altersbilder in Erscheinung treten (vgl. Pichler 2010, S. 421f.).

Das abhängige Alter(n) beschreibt häufig ein hohes Alter, das mit Verlusten, psychischen wie physischen Abbau oder auch Hilfebedürftigkeit einhergeht. Es bildet den Gegenpol des autonomen und individualisierten Alter(n)s. Im stationären und pflegerischen Kontext werden meist Menschen begleitet, die sehr alt sind und aufgrund von Einschränkungen verschiedener Art nicht mehr allein in einem eigenen Haushalt leben können. Während die offene Altenarbeit durch das Bild des zu gestaltenden Alter(n)s geleitet wird, zeigt sich, dass im stationären sowie teilstationären Bereich Abstufungen in Bezug auf ein ‚abhängiges Alter(n)' erfolgen. Hier überwiegt meist eine Perspektive auf die älteren Menschen, die durch das medizinische Paradigma geprägt wird. Innerhalb dieses Arbeitsfeldes, das durch die Pflege und Medizin dominiert wird, zeigt sich eine Ratlosigkeit der Sozialpädagogik im Hinblick auf das abhängige Alter(n).

Der Fokus der sozialen Altenarbeit im Sinne der Lebensbewältigung liegt sowohl auf der Herstellung als auch der Aufrechterhaltung von sozialer Integration und Handlungsfähigkeit. Das abhängige Alter(n) ist jedoch dadurch geprägt, dass eine Herstellung von Handlungsfähigkeit nicht immer, aber in vielen Fällen nicht mehr möglich ist (vgl. Pichler 2010, S. 423). Im Kontext der Sozialen Arbeit hält das Alter sozialpädagogische Provokationen bereit. In einem Prozess, der sich durch physischen wie psychischen Verfall oder nicht kompensierbare Verluste kennzeichnen kann, steht die Soziale Arbeit vor der Herausforderung die eigene und die Hilflosigkeit anderer auszuhalten, da zu sein und das Ziel einer dem Mainstream folgenden Sozialen Arbeit von Entwicklung oder Verbesserung zurückzustellen.

An dieser Stelle kann gefragt werden, in welcher Weise Soziale Arbeit und Sozialpädagogik ihren Teil dazu beitragen können, dass ältere Menschen trotz möglicher unumkehrbarer Hilflosigkeit sowie Abhängigkeit die Chance auf ein eigenes Leben erhalten. Pichler betrachtet kritisch, inwiefern es sinnvoll sein kann, das autonome Alter dem abhängigen in Form einer solchen Begriffswahl gegenüberzustellen. Sie hinterfragt in Bezug auf diese Gegenüberstellung, ob man nur eines sein kann, autonom oder abhängig. Bedeutet Hilfebedürftigkeit zeitgleich, dass alle autonomen Bemühungen ausgeschlossen sind?

Sie verweist zudem darauf, dass die Annahme Handlungsfähigkeit im Altern nicht mehr herstellen zu können, eine drastische sei. Kann Passivität absolut sein? So absolut, dass sie keinerlei Raum für aktives Handeln lässt?

Pichler verweist darauf, dass ein ausschließendes Denken beinhaltet, einem alten, hilfebedürftigen Menschen Handlungsfähigkeit abzusprechen. In diesem Denken wird auch der Mythos eines Menschen (re)produziert, der scheinbar ohne passives Empfangen zurechtkommt. Diese Kritik zeigt, dass auch im Rahmen der Bilder des ‚alten Alter(n)s' einseitige Bestimmungen erfolgen, auch wenn die negativ bewerteten Facetten des Alter(n)s zur Sprache kommen. Diese Sichtweise wird der Doppeldeutigkeit von Subjekten nicht gerecht. Die aktuellen, bereits beschriebenen Bilder des ‚jungen' und ‚alten' Alter(n)s sind durch zweiteilige Kontrastierungen geprägt. Beispiele dafür sind die Unterteilungen in aktiv und passiv, pathologisch und normal oder auch autonom und abhängig. Während Bilder bezüglich des ‚jungen' Alter(n)s Ich-Stärke ausstrahlen, werden mit dem ‚alten' Alter(n) Abhängigkeit, das Pathologische sowie Passivität in Verbindung gebracht. Pichler konstatiert eine Herausforderung im Prozess der Entwicklung künftiger Altersbilder darin, einer solchen Spaltung entgegenzutreten und diese nicht einseitig aufzulösen.

Um sich diesem Vorhaben zu nähern, ist es nötig den Menschen in seiner Doppeldeutigkeit wahrzunehmen, das heißt ihn sowohl als Subjekt als auch als Objekt zu begreifen. Er ist weder ausschließlich abhängig noch ausschließlich autonom. Vielmehr stellt Passivität eine konstitutive Bedingung für menschliche Handlungsfähigkeit dar. Insofern man autonome ältere Menschen lediglich als Akteur*innen versteht, verkennt man auch die Vernetzung und Abhängigkeit von anderen Menschen und Herrschaftsverhältnissen. Trotz dessen ist kein Mensch, egal wie alt er ist und wie sich seine physischen und psychischen Fähigkeiten verändern, nur abhängig. Zusammenfassend sind also Bilder wünschenswert, die nicht in zwei gegensätzlich Pole unterteilen, sondern vielmehr ‚sowohl – als auch'-Konstellationen ermöglichen. Solche Bilder zeigen nach Pichler beispielweise produktive Menschen, die hilfebedürftig sind oder auch schöne Menschen mit Falten. Es gilt Spannungen im Kontext der Extreme der Existenz auszuhalten ohne dabei ältere Menschen als ausschließlich aktiv, produktiv, autonom und frei oder im Sinne der alten Altersbilder als bloß passiv, unterdrückt oder abhängig abzubilden (vgl. Pichler 2010, S.423f.).

2.5 Der Körper

Betrachtet man Foucaults Werke, so zeigt sich immer wieder, dass der Körper nach ihm einen Gegenstand diskursiver und politischer Einschreibung darstellt. Die in Überwachen und Strafen aufgezeigte Körperdisziplin, die sich im Gefängnis entwickelte, verweist auf Parallelen zur Disziplinargesellschaft. Katz (1996) sieht hierbei eine Bestätigung von

Foucaults These, dass der menschliche Körper einen äußerst anpassungsfähigen Terminus für die Zirkulation von Macht darstellt, in der erfolgreichen Herrschaft der Moderne über gefügige Körper in Gefängnissen, effiziente Körper in der Industrie, geduldigen in der klinischen Forschung und reglementierenden in Militär und Schule. Foucault argumentiert, dass die Herrschaft des Körpers einen bedeutenden Ausgangspunkt für moderne politische, professionelle und wirtschaftliche Machtregime bildet. Foucaults besonderer Beitrag zeigt sich nach Katz darin, dass er versucht die Art und Weise zu spezifizieren, wie der Körper durch die ‚Biomacht' und die mit ihr einhergehenden konstituierenden disziplinären Techniken als ein Objekt des Wissens interpretiert wird (vgl. Katz 1996, S. 21). Nach Foucault war die Regulierung der Körper ein zentrales Merkmal im Hinblick auf die Entwicklung von Macht- und Wissensregimen. Mit Bezug auf Foucaults Technologien des Selbst und die Regierung der Psyche möchte ich dem Körper besondere Aufmerksamkeit widmen. Foucault folgt der Annahme, dass die politische Regierung und ihre Formen in einer engen Verbindung zu dem persönlichen Verhalten und Selbstformierungstechniken stehen. Technologien der Regierung kennzeichnen sich dadurch, dass Selbst- mit Fremdführungstechniken gekoppelt werden (vgl. Lemke 2008, S. 36f.). Nach Foucault geht es darum die Wechselwirkung zwischen den Herrschafts- und Selbsttechniken zu untersuchen. Gegenstand der Analyse sind die Punkte, an denen sich Techniken der Herrschaft über die Individuen an Prozessen bedienen, innerhalb derer sie auf sich selbst einwirken. Des Weiteren gilt es jene Punkte zu berücksichtigen, in denen die Technologien des Selbst in Herrschafts- und Zwangsstrukturen eingebettet sind (vgl. Foucault 1993, S.203, zit. n. Lemke 2007, S.37, Übers. Lemke). Für Foucault ist eine Regierung der Kontaktpunkt, an dem die Fremdführung, also die Lenkung der Individuen durch andere, mit der Selbstführung verknüpft ist. In diesem Kontext wird Regierung nicht als Zwang verstanden gegen den Willen von Einzelnen zu agieren. „Vielmehr ist sie immer ein bewegliches Gleichgewicht mit Ergänzungen und Konflikten zwischen Techniken, die Zwang sicherstellen und Prozessen, durch die das Selbst durch sich selbst konstruiert und modifiziert wird" (ebd.).

Durch unseren Körper und spezifische Praktiken bringen wir unser Sein, unsere Identität zum Ausdruck oder verschleiern diese. Diskurse und Praktiken im Hinblick auf den Körper sind als Teil des Dispositivs des Alter(n)s zu verstehen, weil Elemente der diskutierten Altersbilder und gesellschaftlichen Normen in ihm ihren Ausdruck finden. Zudem lassen sich am Beispiel von Körperpraktiken wie Anti Ageing oder Wellness spezifische Technologien des Selbst im Kontext der Regierung der Psyche veranschaulichen.

In dem nachfolgenden Kapitel soll der der Körper in seiner sozialen Konstruktion und Symbolhaftigkeit Beachtung finden. Orientierung bietet hier das Modell zur Verwirklichung des Alterns nach Schroeter. Dieses wurde analog zu den auf leib- und körperbezogenen Aspekten von Geschlecht als soziale Konstruktion nach Setzwein aufgebaut. Das Modell folgt vier Annahmen. Erstens geht es davon aus, dass die Konstruktion des Alter(n)s in einem umfangreichen symbolischen Verweisungszusammenhang erfolgt. Zweitens realisiert sich das Alter(n) im Rahmen des gesellschaftlichen Handelns als objektive Struktur. Drittens materialisiert sich das Alter(n) in einer Somatisierung von gesellschaftlichen Machtverhältnissen. Viertens ist es jedoch auch ein grundlegender Bestandteil von subjektiver Identität (vgl. Schroeter 2008, S.961 f.).

2.5.1 Performation und Inszenierung des Alter(n)s

"Choose your self-presentations carefully, for what starts out as a mask may become your face." (Erving Goffman)

Nachfolgend soll ‚Doing Age' als korporale Performanz im Alter dargestellt werden.
Als ‚Doing Age' kann ein Prozess verstanden werden, innerhalb dessen Menschen ihr Alter stetig inszenieren und performieren. In der Regel erkennen wir am äußeren Erscheinungsbild eines anderen Menschen, ob wir ihn eher in die Kategorie alt oder jung verorten. Das tatsächliche kalendarische Alter ist weniger sichtbar. Oft wird versucht das Alter zu verschleiern oder ihm entgegenzuwirken. Doing Age bedeutet nun also, dass Menschen ihr Alter(n) darstellen (Performation) und inszenieren. Sowohl die Inszenierung als auch die Performanz gehören zum Phänomen der Theatralität und sind nicht identisch. In diesem Kontext ist unter Performanz ein unbewusster oder bewusster Akt der Darstellung durch die Stimme und den Körper zu verstehen, der vor Zuschauer*innen, die körperlich anwesend sind vollzogen wird. Die Inszenierung stellt einen spezifischen Modus da, in dem Zeichen verwendet werden. Als Beispiele dafür können unter anderem Mode und Kosmetik genannt werden.

Es geht hierbei um Praktiken und kulturelle Techniken, mit denen das Erscheinen von etwas ermöglicht wird. Gemeinsam haben beide Aspekte, dass sie für (re)präsentative Interaktionen stehen. Durch sie wird Korporalität vorausgesetzt. Zwischen ‚Doing Age' und ‚Doing Gender' zeigt sich eine strukturelle Homologie. Überträgt man beispielsweise die Annahmen Hirschauers (1994) bezüglich einer situativen Konstruktion des Geschlechts auf das Alter, zeigt sich, dass sich auch die soziale Alter(n)skonstruktion ereignishaft vollzieht. Im Rahmen von signifikanten sozialen Interaktionen kann eine Fortsetzung, Aktualisierung oder Aufrechterhaltung der Altersdifferenzierung erfolgen. Zudem kann die Altersdifferenzierung ebenso in den Hintergrund treten. In Form von Symbolen, wie beispielsweise durch ein Aussehen, das als ‚typisch' für das jeweilige Alter durch Kleidung, Körperhaltung oder Gesichtszüge codiert ist, zeigen wir uns gegenseitig unser vermeintlich wahres Alter an. Wir geben uns dadurch als ‚alt', ‚jung' oder irgendwo dazwischen zu erkennen. Durch symbolische Zuschreibungen zeigen wir einander gegenseitig an, welcher Altersgruppe wir zugehörig sind. In diesem Sinne entpuppt sich ‚Doing Age' als eine soziale Konstruktion von Alternsdifferenz. Das Alter(n) lebt durch die soziale Vermittlung und wird durch soziale Praxis hervorgebracht. Der Verfestigung und dem Fortbestand von Altersdifferenzen liegt eine soziale und gesellschaftliche Ordnung zugrunde, die eine strukturelle Reproduktion des Alters beinhaltet. Schroeter konstatiert, dass Altersstufen und die mit diesen einhergehenden Erwartungen einst sehr deutlich markiert waren und nun immer mehr verwischen. Dennoch existieren zahlreiche Ordnungsmuster, die mehr oder weniger institutionalisiert sind und altersdifferenziertes Handeln generieren. Ein Beispiel ist hier unter anderem ein Berufs- und Bildungssystem, das altersdifferenziert ist. Es gibt Partizipationsstrukturen in der Familie, Freizeit, im Sport oder in der Kultur, die altersgruppenspezifisch sind. Eine Institutionalisierung erfährt das ‚Doing Age' in den kulturellen und sozialen Differenzierungen, die durch Menschen unterschiedlichen Alters definiert werden. Im Hinblick auf die Wahrnehmung des eigenen Alterns zeigt sich eine Gebundenheit an den Körper. Betrachtet man die korporalen Kompetenzen von Kindern oder Jugendlichen, so verweisen sie darauf etwas noch nicht zu können oder noch nicht dazu zu gehören. Im Alter hingegen scheinen die korporalen Kompetenzen die ideell gesetzten Grenzen dessen anzumahnen, was nicht mehr möglich ist. Durch den eigenen Körper wird man im Alter immer mehr an Grenzen erinnert. Die Grenzen dessen, was möglich ist oder nicht, zeigen sich in Interaktionsmustern und Situationen. Aufgezeigt werden sie beispielsweise dann, wenn es einem zunehmend schwerer fällt die Treppen im Haushalt hinauf- und hinabzusteigen oder wenn die Beweglichkeit eingeschränkt ist.

Das subjektive Altersempfinden geht mit unterschiedlichen Stimmungen einher, die sich zum Beispiel in Situationen zeigen, in denen man meint noch ‚gut' für sein Alter auszusehen oder Momente, in denen faltige Haut und das eigene Altern bewusst entdeckt werden. Das Altern bringt körperliche Veränderungen mit sich, die nicht verborgen werden können. Durch äußerlich sichtbare Zeichen wie Alterspigmente oder graues Haar, werden diese Begleiterscheinungen in alltäglichen Interaktionen nach außen getragen. Diese

Zeichen können als alterssignifikante Symbole verstanden werden. Sie sind Bedeutungsträger, weisen über bestimmte Situationen hinaus und können nicht isoliert betrachtet werden. Im Rahmen von Symbolsystemen erlangen sie ihre Funktion. Innerhalb dieser werden nicht nur soziale Deutungen, sondern auch Muster der Wahrnehmung und Ordnungsschemata durch alterssignifikante Symbole repräsentiert. Auch im Alter wird durch den Einsatz von sozialen und korporalen Strategien versucht, einen spezifischen Eindruck zu vermitteln oder eine bestimmte Facette des Selbst zu zeigen. Dies zeigt sich darin, dass das Alter unter anderem verschwiegen wird oder es durch kosmetische Eingriffe und Kleidung verschleiert wird.

Darüber hinaus kann es sein, dass Menschen sich anders fühlen als sie aussehen, sodass durch die Maske des Alters die wahre dahinterliegende Identität verhüllt wird. In diesem Kontext ist das individuelle Selbst sinnbildlich im eigenen alternden Körper gefangen. Dem Körper ist es nicht mehr möglich die ‚wahre' Identität physisch auszudrücken. Das äußere Bild der Erscheinung und das innere Erleben einer Person bilden ein Spannungsfeld, das sich in der Altersmaske spiegelt. Interessant ist, dass die Altersmaske als abweichend oder auch pathologisch empfunden wird. Das innere Selbst hingegen gilt als ‚normal'. Anhand der Altersmaske zeigt sich eine Diskrepanz zwischen dem Äußeren des Körpers und dem inneren Empfinden. Während das innere Selbst noch als jugendlich gilt, ist der äußere Körper in seiner Sichtbarkeit eine Maske, welche die wirkliche Identität verschleiert. Die mit zunehmenden Alter entdeckten Unstimmigkeiten/Diskontinuitäten sind nicht das gleiche wie eine strategische Praxis, in der versucht wird den Prozess des Alter(n)s durch kosmetische Interventionen oder gezielten Einsatz von Mode zu verhüllen. Hier zeigt sich eine soziale Fassade, durch die bewusst bewirkt werden soll, dass physische und soziale Zeichen des Alterns verborgen werden. In diesem Fall wird eine Ablehnung des Alters erkennbar. Es wird versucht das Alter auszulöschen (vgl. Schroeter 2008, S.962ff.).

2.5.2 Das korporale Kapital

Der Körper bildet die Grundlage für Sozialität und Interaktion. Darüber hinaus wird durch ihn mitbestimmt welche Position und welchen Wert Einzelne in der Gesellschaft einnehmen. Schroeter verweist in diesem Zusammenhang auf den Gedanken, den Körper als korporales Kapital zu betrachten, eine spezifische Form des Kapitals, in welcher der Körper als Ressource gilt, die kollektiv und individuell bearbeitet werden kann. Im Sinne

Bourdieus ist das korporale Kapital eine Unterform des kulturellen Kapitals. Für ihn ist der Körper keine alleinstehende Art des Kapitals. Es handelt sich für ihn um ein kulturelles Kapital, das inkorporiert wurde und den objektiven Geschmack gesellschaftlicher Klassen verkörpert (vgl. Fuchs-Heinritz et al. 2005, S.130f.; Schroeter 2008, S.964). Insofern der Körper als korporales Kapital betrachtet wird, ist er ebenso als ein „Körperding" und als Maß, das objektivierbar ist, anzusehen. Nach Bourdieu kann unter Kapital „akkumulierte Arbeit" verstanden werden kann, die sich „entweder in Form von Materie oder in verinnerlichter, „inkorporierter" Form" (Bourdieu 1983, S.183), zeigt. Zudem wird über Körperarbeit viel Zeit in den Körper investiert, zum Beispiel durch Kosmetik, gesunde Ernährung, Fitnesstrends oder Training (vgl. ebd.).

Diese Körperarbeit führt zu äußerlich sichtbaren Erscheinungsformen des korporalen Kapitals. Ihre Gestalt wird symbolisch beispielsweise als schön, stark, gepflegt oder auch schwach, krank und gebrechlich wahrgenommen und dadurch sozial bewertet. In Anbetracht dieser sozialen Bewertung und in Bezug auf gesellschaftliche Schönheitsideale verwundert es nicht, dass Menschen in ihre Körper investieren, um den geltenden Ansprüchen gerecht zu werden oder im Hinblick auf das Alter(n) den Erhalt und eine Steigerung des eigenen Attraktivitätspotenzials zu begünstigen.

Demzufolge ist der Körper nicht nur eine Oberfläche subjektiver Identität, an der aktiv gearbeitet werden soll (Kosmetik, Hairstyling), sondern auch ein Werkzeug des Selbst, das sowohl entwickelt und gestärkt als auch kultiviert werden soll (Fitnessformen, Wellnessformen). Der Körper ist in seiner handlungsfähigen Struktur gewissen Risiken ausgesetzt und muss gepflegt und bewahrt werden (Sport, Diät, Nahrungsergänzung). Interessant ist, dass eben auch der alternde Körper als potenzieller Konsument verstärkt angesprochen wird. Botschaften seitens der Werbung und Mode aber auch der Gesundheitsförderung haben zum Ziel träge werdende oder abbauende Körper zu korrigieren.

Zeichen des Alters sind nicht ‚normal' und naturgegeben, sondern werden als Makel vermittelt, die nicht der Norm entsprechen. In der Werbung der Körperindustrie zeigt sich der Kampf gegen das Altwerden oder Alt-Aussehen. Schroeter verweist auf Hepworth/ Featherstone 1982 und beschreibt, dass mit Unterstützung der Massenmedien versucht wird, bereits das mittlere Alter mit jugendlichen, positiven Bildern zu verknüpfen. Dies hat zur Folge, dass die Bekämpfung des Alter(n)s schon in der Mitte des Lebens eine soziale Verpflichtung darstellt. In den Medien wird ein Körper abgebildet und zur Schau gestellt, der Perfektion zum Ausdruck bringt und das Alter(n) unsichtbar werden lässt. Es zeigt sich, dass Trends wie Wellness und Gesundheit vor allem von der Generation über 50-Jähriger mitgetragen werden. Demnach liegt ein Anliegen der Werbeindustrie darin, weiterhin daran zu arbeiten, das Älterwerden des Körpers als gestalt- und korrigierbar abzubilden. Ziel vieler dieser Programme (Beauty-Farmen, Diäten, Anti-Aging) ist eine Formation des alternden Körpers, die hervorbringt, dass er als „altersloses Alterskapital wirken kann." (Schroeter 2008, S. 966). Eigenschaften, wie Flexibilität, Expressivität oder Spontaneität, die einst hauptsächlich mit der Jugend in Verbindung gebracht wurden, treten im Rahmen einer postmodernen Gesellschaft in die Lebensphase Alter über. Beobachtbar wird ein generationsübergreifender einheitlicher Verhaltensstil.

Um zu bewirken, dass die Jugend und deren Attribute bis ins hohe Alter erhalten bleiben, werden nun auch Produkte und Requisiten aus Kultur, Gesundheit und Sport für die Gruppe der ‚Alten' vermarktet, die zuvor den Jüngeren vorbehalten waren (vgl. Schroeter 2008, S. 966).

Schroeter verweist an dieser Stelle auf das erfolgreiche und produktive Alter(n). Ich möchte an dieser Stelle einen Bezug zwischen dem produktiven sowie erfolgreichem Alter und dem Begriff des „Empowerment" herstellen. ‚Empowerment' zielt darauf Kompetenzen und Kräfte älterer Menschen zu erwecken, sie zu erhalten und zu stärken. Diese befähigen dazu, das eigene Leben und den eigenen Alltag bestmöglich, erfolgreich und mit einem bestimmten Maß an Eigenregie zu gestalten (vgl. ebd., S. 967). „Das gilt sowohl für die korporalen und psychosozialen Interventionen und Alterungsstrategien als auch für den Erwerb von individuell oder gesellschaftlich nutzbaren Kompetenzen, Ressourcen und Potenzialen im Alter" (Schroeter 2008, S.967). Die Wirkung der bereits beschriebenen subjektiven und objektiven Indikatoren des erfolgreichen und produktiven Alters zeigt sich in Form von Kapitalien, die je nach sozialem Kontext und den jeweiligen Gegebenheiten Anerkennung oder Missachtung erfahrbar machen.

Im Hinblick auf den Begriff der Kompetenz, der in der Gerontologie oft genutzt wird, ist es bedeutend darauf hinzuweisen, dass es sich hierbei um einen relationalen Begriff handelt, der immer auch eine Beziehung sozialer Art umfasst. Die äußeren Bedingungen sind somit auf das subjektive Vermögen bezogen (vgl. Amann 2000, S.109).

Es zeigt sich ein verwobenes relationales Netz, innerhalb dessen durch Kompetenzen und Ressourcen Ansehen erwirkt werden kann. Sowohl Prestige als auch Anerkennung erlangt man für Leistungen, die man gesellschaftlich oder für eine bestimmte Gruppe erbracht hat.

Nur alt zu werden ist dabei noch nicht des Ansehens würdig. Wenn man sich im Alter jedoch engagiert zeigt und bestimmte Ressourcen und Kompetenzen nutzt, wird dies wiederum anerkannt. Gelingt es dann ergänzend eine Leitung innerhalb der Öffentlichkeit oder einem Teil dieser zu vollbringen, so erfährt diese auch öffentliche Wertschätzung und wird in ein symbolisches Kapital umgewandelt. Die Rede von einem erfolgreichen und produktiven Alter(n) impliziert eine Abgrenzung zu einem Alter(n), das unproduktiv oder nicht erfolgreich ist. Die Arbeit mit den Begrifflichkeiten des erfolgreichen oder produktiven Alterns beinhaltet eine Festlegung von Kriterien, wie dieser Zustand erreicht werden kann.

Dabei besteht die Gefahr, dass normative Richtlinien gesetzt werden, die über (un)produktives und (nicht)erfolgreiches Handeln urteilen. Im Rahmen der sozialen Gerontologie wurde früher von Kompetenz und Aktivität gesprochen. Heute wurden diese Begriffe scheinbar durch Erfolg und Produktivität abgelöst, was für Schroeter „nach altem Wein in neuen, neoliberalen Schläuchen" (Schroeter 2008, S. 967f.) schmeckt.

Im Hinblick auf soziale Ungleichheitspotenziale ist die Frage nach den Menschen interessant, die all den genannten Ansprüchen freiwillig oder unfreiwillig nicht gerecht werden können. Die Rede über Erfolg und Produktivität im Alter setzt eine Abgrenzung zu Misserfolg und Unproduktivität voraus. Eine Abgrenzung, die niemand offenkundig gern vornehmen möchte. Ungenaue Begriffsbestimmungen bringen das Risiko mit sich das ‚positive' produktive und erfolgreiche Altern aufzuwerten und dadurch zeitgleich ein Altern, das nicht mehr produktiv ist, indirekt oder direkt zu etwas Unnützem zu machen (vgl. Schroeter 2005, S.968).

So gibt es nun verschiedene Anhaltspunkte (Lebensdauer, Zufriedenheit, Gesundheit u.a.), anhand derer ein erfolgreiches und produktives Altern bemessen wird, Statistiken, die erstellt werden und ermittelte Durchschnittswerte die zu einer Missdeutung als Normalmaß oder Richtwert verleiten.

Wer sich im Alter jung hält, produktiv und dynamisch ist, dem gebührt auch in einer Gesellschaft, die auf Leistung zentriert ist, Anerkennung uns Erfolg. Er kann sich zu der erfolgreichen und souveränen Gruppe von Senior*innen zählen. Das traditionelle Bild des Ruhestands wird durch das Modell des bürgerschaftlichen Engagements ergänzt, mit dem dann eine sinnvolle und soziale Tätigkeit im Alter ins Blickfeld rückt.

Wichtig ist festzuhalten, dass das aktive Altern weiterhin ambivalent ist. Auf der einen Seite zeigt sich ein Potenzial in den emanzipatorischen Möglichkeiten und der Ermöglichung von Handlungsspielräumen, innerhalb derer die individuelle Persönlichkeit entfaltet werden kann und gesellschaftliche sowie politische Teilhabe möglich werden. Kritisch zu betrachten ist allerdings, ob das bürgerschaftliche Engagement und verschiedene Formen freiwilliger Arbeit besonders attraktiv sind, weil die öffentlichen Kassen leerer werden. Aus dieser Perspektive wäre das erfolgreiche und auch produktive Altern lediglich etwas Nützliches, das unentgeltlich und instrumentalisierbar ist. Im Vordergrund stehen hierbei weniger die individuelle Erfüllung und der Erhalt von Kompetenzen und Ressourcen, sondern vielmehr ein Interesse der Gesellschaft den älteren Menschen als Humankapital nutzbar zu machen (vgl. Schroeter 2008, S. 969).

2.5.3 Fitness und Wellness – Regulierende Strategien der Biopolitik

Im Kontext der Sozialen Arbeit und ebenso in der Sozialen Gerontologie sind Empowerment und Kompetenzorientierung oder eben ein erfolgreiches und produktives Alter(n) kaum wegzudenken. Nach Schroeter (2008) zeigt sich in ihnen eine Veränderung und Modernisierung des Selbstverständnisses der Humanwissenschaften. Insofern die Leitgedanken dieser Konzepte darauf zielen, den Menschen zu normalisieren und zu kontrollieren oder eine „Verantwortung für das Leben" oder eine „Maximalisierung des Lebens" (vgl. Foucault 1983, S.148, S.170, zit. n. Schroeter 2008, S.969) im Vordergrund steht, ist es nach Schroeter möglich sie in Foucaults Biopolitik und die mit ihr verbundenen regulierenden Strategien einzufügen. Die Bio-Politik unterteilt sich in zwei Pole. Zum einen in die Kontrolle der Bevölkerung und zum anderen in die Disziplinierung des Körpers. Innerhalb dieser Pole soll das individuelle Handeln im Sinne eines Allgemeininteresses reguliert und koordiniert werden. Neben gesundheitsfördernden, präventiven oder rehabilitierenden Programmen kann auch die soziale Gerontologie einer regulierenden Bio-Politik zugeordnet werden. In der sozialen Gerontologie werden vielfältige therapeutische und geragogische Konzepte entwickelt, die dem Leitbild des produktiven, erfolgreichen und aktiven Alter(n)s folgen und diese propagieren. Ziel dieser Programme ist es, die Eigenständigkeit und Akzentuierung des Selbst zu fördern und zu erhalten.

Gesellschaftliche Imperative in Hinblick auf Wellness oder Fitness untermalen diese. Im Zentrum stehen die eigene Stärke und Autonomie, persönliches Wachstum, das Selbstmanagement, Erfolg, Produktivität und die Aktivierung der Kompetenzen. Es geht nicht lediglich darum Ressourcen zu erkennen. Sie sollen darüber hinaus erweitert und genutzt werden. Das Bild des Menschen in der Moderne entspricht dem eines Unternehmers. Egal wie alt, gesund oder krank Menschen sind: Jede*r ist ein Unternehmer*in seiner selbst (homo oeconicus). Das heißt Menschen investieren stetig in ihr Leben. Sie entwickeln und erweitern Kompetenzen, Techniken der Anpassung oder Bewältigungsstrategien. Körperliches und geistiges Training sollen die Fitness stärken. Krankheit oder Alter(n) gelten als Risiko, dem durch das unternehmerische Kalkül entgegengewirkt werden soll. Im Jahr 1961 wurde mit dem Begriff ‚Wellness' ein Konzept ins Leben gerufen, in dem es darum geht, sich um das eigene physische und psychische Wohl zu sorgen. Das Ziel des Wellnesskonzeptes, ähnlich wie bei Antonovskys Ansatz der Salutogenese (1987), liegt darin Gesundheit zu stärken als Krankheit zu verhindern.

Innerhalb dieser Modelle ist die Eigenverantwortung eines Menschen von besonderer Bedeutung. Durch Wellness und Fitness wird nicht nur eine distinktive Art der Lebensführung sowie Haltung zum Leben angezeigt, sondern auch Gesundheit visualisiert (vgl. Schroeter 2008, S.969f.).

Ein fitter Körper und Geist symbolisieren, dass jemand den gesellschaftlichen Anforderungen ohne größere Umstände gerecht wird und die Potenziale dieser Gesellschaft ohne Probleme nutzen kann. Jemand, der ‚fit' wirkt, wird als erfolgreich wahrgenommen und hat gute Zukunftsaussichten. In diesem Sinne fungieren Wellness und Fitness auch als Formen des korporalen Kapitals, die symbolisch nach außen getragen werden. Auch im Alter kann durch die Teilnahme an Programmen dieser Art der symbolische Wert des korporalen Kapitals gesteigert werden. Diesen Programmen liegt ein Versprechen von Anerkennung und Erfolg inne. Es zeigt sich, dass der Einsatz des eigenen Körpers von Bedeutung ist, um sich gesellschaftlich durchsetzen zu können und Erfolg zu haben. Die Verantwortung für ein ‚fittes' und ‚gutes' Leben liegt bei jedem selbst.

Interessant ist, dass im Kontext der modernen gesellschaftlichen Rationalitäten die Anwendung von Fitness- und Wellnesspraktiken und die Hinwendung zu diesen so wirken, als seien sie Lebensformen, die frei und bewusst gewählt wurden.

Die Eigenverantwortung der Individuen wurde hierbei nicht einfach repressiv erzwungen, sondern ist in deren Gewohnheit übergegangen. Sie hat sich in deren Köpfen habitualisiert und zugleich in die Körper der Individuen eingeschrieben (vgl. ebd., S.970). Erkennbar werden eine Individualisierung und Privatisierung von Gesundheit und Körper. Dieser Prozess vollzieht sich mit Hilfe der Techniken des Selbst im Sinne Foucaults. Sie erlauben es den Individuen verschiedene Handlungen an ihren Seelen, Körpern, Gedanken und ihrer Führung des Seins zu vollziehen. Jeder Mensch trägt individuell Verantwortung für seine Gesundheit und sein Wohlbefinden. Gesellschaftlich dargebotene Entspannungsprogramme und andere Gesundheitsangebote oder präventive Maßnahmen können als Versuch gelesen werden, Gesundheit und Wellness zu steuern. Risiken sollen minimiert und Verantwortung fokussiert werden. Es zeigt sich, dass Fitness, Gesundheit, Aktivität und Wohlbefinden zum regulativen Ideal werden. Die Leitmotive Konkurrenz, Individualismus, Flexibilität und Teamgeist der gesellschaftlichen ökonomischen Macht- und Markverhältnissen entsprechen ebenso der Kombination der genannten Aspekte (Fitness, Aktivität, Fairness, Spaß). In einer Konsumgesellschaft sind Plastizität und Flexibilität grundlegend und so soll auch der alternde Körper gestaltbar und formbar bleiben.

Mit Hilfe des gesellschaftlichen Grundsatzes von Fitness und Wellness erfolgt eine Anpassung des Körpers an die Anforderungen in einer (post)modernen Gesellschaft. Hierbei ist der Körper ein Instrument und die Arbeit am Körper eine selbstdisziplinierende Technik. Fitness und Wellness zeigen sich besonders im Rahmen der Konsumgesellschaft als geeignete Leitmotive, da eine Grenze nach oben nicht vorhanden ist. Sowohl das eigene Wohlbefinden als auch die Fitness können stetig bearbeitet und verbessert werden. So wird es wohl weniger dazu kommen, dass das Verlangen Körper und Leib zu vervollkommnen abnimmt oder gar erlischt. Vielmehr der Zwang und ‚Wunsch' der Optimierung durch neue ‚attraktive' Angebote der Körperindustrie und des Konsumentenmarktes vorangetrieben (vgl. ebd., S.971).

2.6 Die mediale Darstellung des Alter(n)s

Die Darstellungen des Alter(n)s in den Medien lassen sich nicht verallgemeinern, da sie sehr vielfältig sind. Insbesondere die Werbung bietet dem ‚jungen Alter(n)' eine Plattform und ist maßgebend daran beteiligt, Altersbilder zu (re)produzieren und etablieren. Bereits im Jahr 2010 hat Pichler konstatiert, dass die Generation über 50-Jähriger zunehmend an Bedeutung für die Werbebranche gewinnt. Bezeichnungen wie ‚well off older people', ‚second life people' oder auch ‚well income old leisure people' veranschaulichen dies. Pichler verweist auf Femers (2007), die Altersbilder und Werbetexte inhaltsanalytisch untersucht hat. Sie kam zu der Erkenntnis, dass es zahlreiche und sehr differenzierte Bilder bezüglich der neu entdeckten Zielgruppe gäbe und diese vielfältig und kreativ kommuniziert werden. Der Bezug der Darstellung zur Realität sei hierbei in Frage gestellt, da Aspekte des Alter(n)s, die negativ bewertet werden gar nicht oder wenn nur aus strategischen Gründen punktuell thematisiert werden. Die Altersbilder, die in den Medien dargestellt werden, beinhalten mehr als die Funktion des Informierens und Motivierens. Vielmehr erfüllen sie, vor allem dann, wenn der Konsum von Medien in den Lebenswelten sehr präsent ist, eine Sozialisationsfunktion, die oft unbemerkt und damit unhinterfragt bleibt. Produkte, die altersexklusiv sind, kreisen oft um Themen wie Versicherung, Gesundheit oder auch Körperpflege (vgl. Pichler 2010, S.420).

Kühne (2005) konstatiert bereits, dass für alle potenziellen Probleme der ‚neuen Alten' Produkte oder Angebote präsentiert werden, die in einfacher Weise eine Lösung versprechen. Mit Hilfe dieser ‚einfachen und überzeugenden' Produkte lernen die ‚neuen Alten', wie man richtig altert, nämlich gar nicht (vgl. ebd., S.209, zit. n. Pichler 2010, S. 420). Bereits im Jahr 2010 richteten sich Werbedarstellungen, die verjüngende Kosmetika oder Pflegeprodukte zeigen, nicht nur an ‚alte' Menschen, sondern auch an Gruppen ab dem dritten Lebensjahrzehnt. Zentral sind hier vor allem Werbespots, die sich thematisch mit der Hautalterung auseinandersetzen. Es geht darum das Alter zu bekämpfen, indem die ‚Schönheit' erhalten wird. Durch Darsteller*innen, die allen Ansprüchen eines jugendlichen Körpers gerecht werden und so beispielsweise schlank und gesund sind, wird das erfolgreiche und aktive Alter(n) bestätigt. Die dominierende Zielgruppe der altersexklusiven Werbung sind Menschen im Alter von 14-49 Jahren. Bei den altersinklusiven Produkten wird diese Gruppe auf die Alten ausgeweitet. (vgl. Pichler 2010, S.420). Nach Kühne (2005) treten die ‚alten' Protagonist*innen als Genießer*innen, Expert*innen oder weise und lebenserfahrene Ratgeber*innen auf.

Medial werden sie als Kosument*innen dargestellt, die qualitätsbewusst und anspruchsvoll sind (vgl. ebd., S.211, zit. Pichler 2010, S. 420). Im Rahmen von Versicherungsanzeigen existiert kein Kampf gegen die Zeichen des Alter(n)s. Der Fokus liegt mehr auf dem Bedürfnis nach Sicherheit und Wohlstand (vgl. ebd.).

In der Medienforschung der Gerontologie wurden unter anderem Schulbücher, Romane, Fernsehsendungen, Werbung oder Kinder- und Jugendliteratur im Hinblick auf Altersbilder untersucht. Es ging darum die medialen Altersbilder mit dem ‚wirklichen' Alter in gesellschaftlichen und sozialen Zusammenhängen gegenüberzustellen. Grundlegend dafür war die Annahme, dass die Medien und darin verkörperte Altersbilder sich nicht erheblich auf das Selbstbild und das Erleben des eigenen Alter(n)s auswirken, sondern auch die Wirkung negativer Altersbilder in der Gesellschaft verstärken. In den 1980er Jahren wurde die mediale Darstellung des Alters besonders durch das Defizitmodell geprägt. Das Altwerden und das Altsein sollten ängstigend wirken. Ältere Frauen wurden beispielsweise eingesetzt, um medizinische oder gesundheitsnahe Produkte und Präparate zu werben. Ältere Männer im Gegenzug wurden vor allem in dem Bereich der Versicherung und

Banken verortet und verkörperten Seriosität und Zuverlässigkeit. Auch heute sind ältere Menschen in der Werbung nur selten vertreten. Es kann festgehalten werden, dass der Anteil der Personen über 50 in der Werbung nicht dem Anteil dieser Gruppe in der gesamten Bevölkerung entspricht. Mann (2015) konstatiert, dass sich die Altersbilder in der Werbung verändert haben. Ältere Menschen werden nun zunehmend als aktiv dargestellt. Eine Zuordnung eines kalendarischen Alters erscheint kaum möglich und die Altersphase wird mehr und mehr positiv überzeichnet. In den Medien werden ältere Menschen nun branchenübergreifend dargestellt, was früher als Tabu galt (z.B. Kosmetikbranche). Das Alter selbst oder das Altsein wird in der Werbung nicht dargestellt. Zudem zeigt sich ein Wandel der Geschlechterrollen und dennoch besetzt das weibliche Geschlecht weiterhin verstärkt die Rolle der Großmutter, die Kuchen backt. Eine polarisierende Wirkung weist das ‚skurrile' Alter(n) auf, bei dem insbesondere Frauen sich nicht ‚alterskonform' verhalten. Ältere Darsteller männlichen Geschlechts werden weiterhin als seriös dargestellt (vgl. ebd., S.25f.).

Mann verweist auf Gröppel-Klein, die zwei Szenarien entwirft, inwiefern sich Altersbilder in der Werbung entwickeln könnten. Innerhalb eines positiven Szenarios entwickelt sich durch die Zunahme des älteren Teils der Gesellschaft ein verstärktes Bewusstsein, sodass eine positive Sicht auf das Alter(n) entsteht.

Es kommt zu einer Vermischung der Zielgruppen und dazu, dass das kalendarische Alter nicht mehr eindeutig identifiziert werden kann. Die Reaktion von Unternehmen zeigt sich an in universalen Produkten für alle Altersgruppen, die auch von älteren Menschen beworben werden. Dies erweist sich auch für Unternehmen als attraktiv, die ein jugendliches Image vertreten. In einem negativen Szenario erfolgt eine Zunahme der Defizitperspektive auf das Alter(n). Infolgedessen entwickeln die Unternehmen Produkte und Angebote, die seniorengerecht sind. Dadurch kommt es zu einer Verknappung des Jugend-Gutes, sodass die Unternehmen im Wettbewerb untereinander vermehrt jugendorientiert werben. Dadurch wird das Alter(n) noch negativer wahrgenommen. Die Gefahr entsteht, dass das negative Image des Alters immer mehr auf die Angebote und Produkte übertragen wird. Als Ergebnis wird das Altern skurril oder gar lächerlich dargestellt und weiterhin verjüngt (vgl. Gröppel-Klein 2012, S.155f., zit. n. Mann 2015, S.27). Beide Szenarien scheinen möglich, wenn man den demografischen Wandel, die verstärkt angesprochenen Seniorenmärkte, die weiterhin bestehende Generationensolidarität, die Steigerung des Engagements im Alter und auch knappe Ressourcen und die belasteten sozialen Sicherungssysteme betrachtet (vgl. Mann 2015, S.27.).

3 Das Konstrukt des aktiven Alter(n)s und seine Ungleichheitspotenziale

In den vorherigen Kapiteln wurden verschiedene Elemente des Dispositivs und ihre Vernetzung im Hinblick auf das aktive Altern analysiert und beschrieben. In diesem Kapitel geht es nun darum Rückschlüsse zu ziehen, inwiefern die von mir gewählten Elemente des Dispositivs in ihrer Vernetzung soziale Ausschließung und Ungleichheitspotenziale (re)produzieren.

3.1 Das Alter(n) als Krankheit – Vom Reparatur- zum Wachstumsmodell

Spezifische Machtformen bestimmen, was in einer Gesellschaft als (un)normal gilt. Solange Altern vermieden werden soll und als behandelbar gilt, sind die Menschen, die sich den herrschenden Aktivierungslogiken entziehen oder es sich nicht leisten können und doch krank werden, einer erhöhten Marginalisierungsgefahr ausgesetzt. Der Stigma-Begriff von Goffman beschreibt die Situation eines Individuums, das von völliger gesellschaftlicher Akzeptanz ausgeschlossen ist. Betrachtet man die Stigmatisierungsvorgänge wird deutlich, dass normative Erwartungen an ein Gegenüber allgegenwärtig sind und mit bestimmten Attribuierungen einhergehen.

Ein alternder Körper ist ein Zeichen dafür, den geltenden Ansprüchen der Gesunderhaltung nicht gerecht geworden zu sein. Von nun an muss das Subjekt mit dem Stigma der Krankheit leben und wird über dieses definiert. Verknüpft man Goffman mit Foucault besteht ein spezifischer Gehalt von Macht darin, dass sie etwas überhaupt erst als (un)normal definieren kann. Die Aneignung der Subjektordnung der Aktiven Alten kann im Sinne des Stigma-Management als Strategie gesehen werden und die Zuweisung eines späteren, nicht aktiven und kranken Alterns erst gar nicht zuzulassen. Ernährung und Sport dienen als Techniken des Selbst, um Altern zu vermeiden und die Zeichen der Zeit aufzuhalten. Der Stigma-Begriff nach Goffman zeigt die Totalität der Subjektanrufung der aktiven Alten und Handlungsstrategien, um auf Stigmatisierung zu antworten. Die Bedrohung des Altersstigmas betrifft die gesamte Gesellschaft und verankert sich in der identitären Selbstwahrnehmung (vgl. Denninger et al. 2016, S.519f).

Altern wird als heilbare Krankheit konstruiert, auf die das Individuum um der Normalität Willen selbstverantwortlich Einfluss nehmen kann und soll. Aufkommende Theorien basierten eher auf einem defizitären Bild des Alterns. Ein medizinisch professionalisierter Blick lässt das Alter als Krankheit behandelbar werden und aus einer zunehmenden Diagnostik erwächst die Aufgabe das Altern zu bekämpfen und die „Krankheit" zu heilen. In den 60er und 70er Jahren gehen wissenschaftliche Theorien zunehmend der Frage nach, welche Rolle ältere Menschen im Ruhestand haben sollen, um in das funktionale Gefüge des Generationenvertrags zu passen. In diesem Zuge entwickelte sich der Disengagementansatz und als Antwort auf diesen zudem Aktivitäts- und Ausgliederungsthesen. Ende des 20. Jahrhundert beginnt das Rentensystem zunehmend zu bröckeln, Diskussionen über das demografische Altern entstehen und bringen Ende der 80er Jahre neue Altersbilder mit sich.

Die Rente als wohlverdienter Ruhestand wird in Frage gestellt, da die Gesundheitsversorgung durch eine „Übermacht" der Alten auf Dauer nicht zu gewährleisten sei (vgl. Denninger et al. 2016, S.511ff.).

Die Lösung der Probleme des Alterns scheinen die Alten selbst zu sein. Scheinbar ist es offensichtlich, dass es in der Hand eines jeden selbst liegt, ob er im Alter reist, Sport treibt oder krank wird. Altern ist aus dieser Sicht ein Prozess, auf den man Einfluss nehmen kann und soll. Um die Jahrtausendwende entwickelt sich ein konstruktiv-optimistisches Altersbild. Hierbei regulieren die Sozialgerontologie und die biomedizinische Deutung maßgeblich das Wissen über Alter(n) und darüber wie alte Körper zu sein haben.

Das Aktive Altern wird als Lösung des demografischen Drucks behandelt und ist mit Erfolg und Gesundheit verknüpft. Das Altern gilt in diesem Kontext als gesamtgesellschaftliches Potenzial, das ausgeschöpft werden muss. Die älteren Subjekte werden im Sinne der Gouvernementalität angerufen ihr Leben selbstbestimmt und selbstverantwortlich in die Hand zu nehmen. Aus neoliberalistischer Perspektive sind die Leitbilder des neuen Alterns Gesundheit, Fitness, Erfolg, Produktivität. Hierbei findet eine bedeutende Verschiebung von einer Dominanz überwiegend kurativer Medizin hin zu Erweiterung grundlegender Konzepte von Gesundheit sowie Prävention statt. Gesundheit ist auch hier nicht nur als die Abwesenheit von Krankheit zu verstehen, sondern zeitgleich als die individuelle Produktion von Wohlbefinden. Diese Form der Aktivierung und Selbstführung lässt sich als Teil neoliberalistischer Gouvernementalität lesen. Körperliche Verluste sind dieser Logik folgend auf individuelle Inaktivität zurückzuführen. Strukturelle Faktoren finden wenig Beachtung (vgl. Denninger et al. 2016, S.515ff.).

Im Hinblick auf die Regierung der Psyche stellen Anti-Ageing-Praktiken eine spezifische Form der Selbstregierung dar, die Individuen durch scheinbare Emanzipationspotenziale dazu anruft danach zu streben, was gesellschaftlich verlangt wird. Hauptziele von Anti-Aging sind die Verlängerung des gesunden Lebensanteils, eine Ausdehnung der jugendlichen Lebensphase und eine Erweiterung der Lebenszeit. Immer mehr solcher Maßnahmen bieten das Potenzial sich dem Altersstigma zu entziehen sowie sich dem Bild des Idealmenschen anzunähern. Wohlwollend betrachtet kann Anti-Aging zur Selbstermächtigung und zum Autonomiegewinn beitragen. Dieses vermeintliche Emanzipationspotenzial ist allerdings trügerisch, da die gewonnenen Freiheiten durch neue Zwänge ersetzt werden. Der Wunsch des Individuums einer Marginalisierung zu entgehen, zwingt es zur stetigen Selbstoptimierung.

Die Pathologisierung des Alterns führt zu einer Verbreitung von Praktiken, die das Alter(n) verdrängen sollen und zeitgleich Ungleichheit fördern. Im Hinblick auf die Techniken des Selbst gilt auch beim Anti-Aging die Prämisse der Selbstregierung und Eigenverantwortlichkeit. Die Zukunft des Alter(n)s könnte sich zukünftig im Kontext der Fragen entscheiden, ob Anti Aging erstens obligatorisch und damit die Vermeidung des Alter(n)s als Krankheit eine Pflicht der Bürger*innen wird, oder ob zweitens die Maßstäbe von Gesundheit und Krankheit künftig losgelöst von individueller Selbstregierungspflicht betrachtet und damit durch wohlfahrtsstaatliche Fürsorge ersetzt werden (vgl. ebd., S.520ff.).

Das Konstrukt des aktiven Alterns fördert Ungleichheitspotenziale in der Gesellschaft. Von Subjekten wird erwartet selbst und eigenverantwortlich Gesundheitsinformationen und -angebote wahrzunehmen. Der Zugang zu dieser Health-Literacy-Kompetenz zeigt allerdings wenig Zusammenhang zu sozioökonomischen Faktoren. Im Sinne des kulturellen Kapitals nach Bourdieu weist beispielsweise ein geringes Wissen an gesundheitlichem Handeln auf eine spezifische Verortung innerhalb eines sozialen Gefüges hin. Das Survey of health, Ageing and Retirement in Europe zeigt, dass die Lebensqualität in den meisten EU-Ländern mit der Höhe des Vermögens assoziiert wird. Daten des sozioökonomischen Panels (2000-2004) zeigen bei sowohl bei den meisten Krankheiten und auch subjektiven Gesundheitsindikatoren, dass Menschen aus statusniedrigen Gruppen schlechtere Ergebnisse erzielt haben (vgl. ebd. 2016, S.518).

3.2 Die Ausschließung der ‚Alten'

In den verschiedenen Kapiteln wurde sich mit den Anforderungen an die älteren Menschen im aktivierenden Sozialstaat auseinandergesetzt. Doch was ist mit den Menschen, die diesen Anrufungen nicht gerecht werden, wollen oder können? Sie werden durch solche Normalisierungsstrategien, die sich an Aktivität oder dem Aktivsein orientieren und damit einhergehenden sozialen und moralischen Programmen ausgegrenzt. Diese Strategien und Programme erstrecken sich nicht nur auf die Körperlichkeit, sondern auch auf ein Gesundheitshandeln, das eigenverantwortlich, reich an Erkenntnis und präventiv ist. Ergänzend wird der Bereich der Ästhetik angesprochen. Resümieren wir mit Blick auf vorherige Kapitel die Worte Ästhetik, Körper und Gesundheit, so zeigt sich, wie schnell ein Mensch zum ‚ungenügenden' Rest gehören kann. Innerhalb des Wandels vom Wohlfahrtsstaat hin zu einem aktivierenden Sozialstaat erfolgt eine zunehmende Instrumentalisierung der Sozialpolitik bezüglich arbeitsmarktpolitischer Bestrebungen. Dieser Transformationsprozess wirkt sich spezifisch auf die älteren Arbeitnehmer*innen aus. Aner verweist darauf, dass in Deutschland ein Mangel an langfristigen Strategien von Unternehmen zur sinnvollen Begleitung des Alterns im Beruf vorliegt. Durch das Institut Arbeit und Qualifikation der Fakultät für Gesellschaftswissenschaften der Universität Duisburg-Essen hat anhand von Daten des Mikrozensus im Jahr 2011 herausgefunden, dass die Erwerbsquote bei Menschen im Alter von 60 bis 64 Jahren weiterhin auf einem niedrigen Niveau liegt, obwohl sie in den vergangenen Jahren bereits gestiegen ist. Eine erhebliche Kürzung der Rentenbezüge wird unter anderen dadurch bedingt, dass das Zugangsalter zur Rente zunehmend heraufgesetzt wird und damit entsprechende Einbußen bei frühzeitigem Renteneintritt einhergehen und Berufsunfähigkeitsrenten abgeschafft werden. Im Jahr 2013 galten 65-Jährige Menschen noch als eher unter dem Durchschnitt von Armut betroffen. Diese Altersgruppe könne mehr als der Durchschnitt auf Wohneigentum zurückgreifen, das frei von einer Tilgungs- oder Zinsverpflichtung ist. Im Rahmen dieser Arbeit sind besonders die anderen Lebenslagendimensionen neben der Erwerbsbeteiligung interessant, innerhalb derer ältere Menschen im Vergleich zur durchschnittlichen Bevölkerung Benachteiligung erfahren. Hierbei geht es zum Beispiel um ein Gesundheitswesen, dass auf Eigenverantwortlichkeit zielt. Ältere Menschen sind häufiger als der Durchschnitt von chronischen Krankheiten betroffen. Ein weiterer Aspekt sind ist die Mietsteigerung in zahlreichen Städten, die mit dafür verantwortlich ist, dass das Einkommen einer immer höheren Anzahl von Haushalten zu mehr als einem Drittel in die Miete investiert werden muss. Hierbei geraten Lebenslagen ins ‚Wanken', weil das restliche Einkommen oft nicht genügt, um weitere Kosten zu decken. Im Gegensatz zu anderen Teilen der Bevölkerung haben ältere Menschen oft nur geringe oder keine Möglichkeiten dem Prozess durch Erwerbsarbeit entgegenzuwirken (vgl. Aner 2018, S.280f.).

Aner spricht von einer weiteren drohenden Ausgrenzung im Hinblick auf die Generationenzugehörigkeit. Hinzu kommt eine ergänzende Verdrängung symbolischer Art. Innerhalb von Städten sei bereits heute eine zunehmende Segregation zu verzeichnen. Je nach Region entstünden in ihrer Ausprägung verschieden starke Quartiere, in denen ältere Menschen, die von relativer Armut betroffen sind, mit anderen Gruppen zusammenleben, die einer modernen und urbanen Gesellschaft ebenso wenig standhalten können. Ein weiteres Problem zeigt sich in Gebieten, in denen im Verlauf der 1950er und 60er Jahre lediglich Einfamilienhäuser gebaut wurden. Generell sind nach Aner Wohnungs- und Hausbestände, die privat sind oder eben Eigentümerstrukturen in Bezug auf die Steuerung der Entwicklung von Region und Stadt, die integrativ sein soll als problematisch zu betrachten.

Des Weiteren besteht eine diskursive Ausgrenzung älterer Menschen, die in besonderem Maße dadurch getragen wird, dass soziale Phänomene zu demografischen Fakten erklärt werden und es damit zu einer „Demographisierung des Gesellschaftlichen" kommt. Als Beispiel dafür kann man ausführen, dass innerhalb der Bundesrepublik in den vergangenen Jahren eine große Zahl an arbeitsmarkt- und sozialpolitischen Änderungen der Gesetze ihre Begründung im demografischen Wandel fanden. Hierbei bilden multimorbide hochaltrige Menschen dir Argumentationsfigur.

Sie werden als ‚Alterslast' herabgesetzt und die ‚jungen, neuen Alten' erfahren, wenn überhaupt nur dann Akzeptanz, insofern sie gesund, produktiv oder zumindest ‚silver consumer' sind. Die demografische Alterung wird oft sehr dramatisch dargestellt, als ein einengendes gesellschaftliches Problem suggeriert und fehlinterpretiert. Das Phänomen des demografischen Wandels von Gesellschaften ist nicht neu, auch wenn das Altern sich in modernen Gesellschaften noch in Zeiten des Friedens vollzieht[5].

Aner verweist auf Barlösius, die die heutige argumentative Kraft des demografischen Wandels in einer „Repräsentationspraxis" sieht. In Folge des zweiten Weltkrieges waren in Deutschland sowohl bevölkerungspolitische Argumentationen als auch die damit einhergehende demografische Forschung diskreditiert. Letztere wurde als Instanz betrachtet, die dem NS-Regime Wissen mit legitimatorischer Funktion lieferte. Seit den 1980er Jahren entwickelte sich die demografische Forschung weiter, blühte auf und gilt heutzutage als durch die Wissenschaft stark institutionalisiert. Der demografische Diskurs kann mit der Annahme verknüpft werden, dass nur eine stabile Zahl und Struktur der Bevölkerung ausreichend Sicherheit biete. Nach Barlösius vermittelten solche demografischen Reprä-

---

[5] Das noch verweist auf den aktuellen Krieg zwischen der Ukraine und Russland und seine noch nicht vorhersehbaren Folgen

sentationen zukünftige Gewissheit in einer Zeit, die im Hinblick auf die Zukunft zunehmend ungewiss und unsicher erscheint. Ergänzend können auch demografische Daten, die nicht im engeren wissenschaftlichen Feld erhoben wurden, sondern beispielsweise in privaten Stiftungen mit bedeutendem Einfluss, als durch die Wissenschaft generiert und amtlich wahrgenommen werden. Dies liegt unter anderem daran, dass die Statistik als Wissenschaft auf Grundlagen der Mathematik basiert, die in modernen Gesellschaften kulturell anerkannt ist (vgl. Aner 2018, S.282ff.).

4 Das Alter(n) als Heterotopie- Ein Gedankenspiel zur Reflexion

Ergänzt werden soll diese Analyse durch das Konzept der Heterotopien nach Foucault. Durch dieses Konzept soll eine weitere reflexive Perspektive auf das Alter(n) eröffnet werden, die gegebenenfalls dazu beitragen kann, eine dichotome Vorstellung über das Alter(n) zu überwinden.

Im vorherigen Teil dieses Buches wurde sichtbar, dass der Begriff der ‚Altersbilder' in der Gerontologie oft genutzt wird, aber wissenschaftlich ein diffuses Konzept abbildet. In der gerontologischen Forschung wird der Begriff des Altersbildes sehr verschieden aufgefasst. Altersbilder können zum Beispiel als ‚subjektive Entwicklungstheorien' verstanden oder von Studien synonym mit dem Begriff des ‚Altersstereotyp' verwendet und mit Begriffen wie ‚Vorurteil' oder ‚Klischee' verknüpft werden. Haller verweist auf Eric Schmitt, der konstatiert, dass die singuläre Verwendung des Altersbildbegriffes eine Homogenität der Sichtweisen auf das Alter(n) und damit auf ältere Menschen vermittelt (vgl. Haller 2020/2011, o.S.).

Gerd Göckenjan zufolge kann an der Altersbildforschung kritisiert werden, dass die Dimensionen der Analyse einer positiven und negativen Polarisierung des Alter(n)s folgen. Infolgedessen bildet das Konzept der Polarisierung die Basis der Analyse und nicht den Gegenstand (vgl. Göckenjan 2000, S.17; Göckenjan 2007, zit. n. Haller 2020/2011, o. S.). Nach Haller ist die Frage von Bedeutung, ob diese Aporie mit Hilfe eines anderen Altersbildbegriffes aufgelöst werden kann. Als Beispiel führt sie einen (hetero-)topologischen Altersbildbegriff vor. Innerhalb der gerontologischen Forschung wurden sehr verschiedene Modelle des Alter(n)s konstruiert, die auf empirischen Studien basieren. Durch die Wissenschaft selbst erfolgt eine Erhebung und normative Aufladung der Altersbilder. Bis in die 1960er Jahre vertrat die Gerontologie die defizitären Modelle des Alter(n)s.

Heute existieren neu angelegte empirische Studien, die zur Entwicklung von Modellen beitragen, die das aktive, erfolgreiche und kompetente Alter(n) fokussieren. Das defizitäre Modell des Altern(n)s gilt als widerlegt und die Gerontologie scheint bestrebt die ‚positiven' Modelle des Alter(n)s als neue Bilder des Alter(n)s gesellschaftlich zu etablieren. Eine Ablösung des Defizitmodells soll in der Öffentlichkeit und im wissenschaftlichen Diskurs erfolgen und darüber aufklären, dass dieses ‚negative' Altersbild realitätsfern sei. Das Defizitmodell scheint eine Gefahr zu sein, die sich negativ auf das alternde Individuum auswirken könnte.

Bereits im dritten Altenbericht wurde aufgeführt, dass Altersbilder, die positive Aspekte wie beispielsweise die gesellschaftliche Produktivität oder Fachkompetenz fokussieren, die Handlungsrahmen von älteren Menschen erweitern oder gar eröffnen können. Sie leisten einen Beitrag zur Ermöglichung und Anerkennung persönlichen Engagements in eigenständig gewählten sozialen Rollen. Eine Betonung der Chancen des Alter(n)s erhöhe die Wahrscheinlichkeit, das objektive Handlungsmöglichkeiten von Individuen für die Umsetzung ihrer eigenen Interessen und Bedürfnisse entdeckt und genutzt werden. Im Gegenzug wird bei den ‚negativen' Altersbildern der Annahme gefolgt, dass ihre Auswirkungen auf die Individuen und deren Entwicklung eher ungünstig sind. Hervorgehoben wird hierbei, dass sie dazu führen können, dass Handlungsspielräume nicht erkannt und genutzt werden, um die eigenen Bedürfnisse und Interessen zu befriedigen. Im schlimmsten Fall verschwinden sie vollständig. Zudem werden die Wirkungen ‚negativer' Altersbilder im Hinblick auf Etikettierungen aufgeführt. So ist es möglich, dass ältere Menschen, die die Aussagen eines ‚negativen' Altersstereotyps akzeptieren, zugeschriebene Eigenschaften, wie Schwäche, Isolation oder Inkompetenz in Form einer Fremd- und Selbstetikettierung übernehmen (vgl. BMFSFJ 2001, S.65).

Andere Studien gehen davon aus, dass die sogenannten ‚negativen' Altersbilder durchaus auch positiv auswirken können. Von älteren Menschen können sie beispielsweise zur Stärkung des Selbstwertgefühls genutzt werden. Wenn das Alter(n) generell als eine Belastung betrachtet wird, erleidet man im sozialen Vergleich geringere Misserfolge und kann somit Belastungen und deren emotionale Wirkungen besser abpuffern.

Im Rahmen der Geragogik regulieren die Modelle der Gerontologie, wie das aktive, kompetente, erfolgreiche Alter(n), seit den 1970er Jahren viele Bildungsangebote für ältere Menschen. Sie stellen Altersleitbilder dar und bestimmen als solche die Geschichte der Geragogik. Sowohl aus Perspektive der Erziehungswissenschaften als auch aus Sicht der Profession selbst erhoben sich kritische Stimmen. Haller verweist hier auf Dieter Nittel (1988), der zusammenfasste, dass die Altersforschung zwar einen Beitrag dazu geleistet habe, die Defizitmodelle aufzuweichen, aber dennoch fördere, dass ein ebenfalls klischeebehaftetes ‚positives' Altersbild gesellschaftlich bekannt wird. Otto und Lessenich verzeichnen die sich wandelnden Altersleitbilder von der Nachkriegszeit bis jetzt als eine politisch problematische Entwicklung. Sie erstreckt sich von einem Bild, das einen wohl verdienten Ruhestand zeigt, hin zu einem Leitbild des ‚Arbeitskraftunternehmers'.

Sie interpretieren dieses Leitbild als ein Instrument neoliberaler Steuerung im aktivierenden Sozialstaat (vgl. Lessenich et al. 2005). Sowohl Aner und Hammerschmidt (2008) als auch Pichler (2007) und Karl (2006) verweisen auf die „zunehmend neoliberalen Rationalitäten" (Karl 2006, S.301, zit. n. Haller 2020/2011, o.S.) der Leitbilder des Alter(n)s, die von der Gerontologie in Bildungsangebote übernommen wurden. Pichler (2007) kritisierte zusammenfassend, dass ein solcher Optimierungsdiskurs seitens der Gerontologie ein dualistisches Denken weckt, das einer differenzierten Perspektive auf das Alter(n) eher kontraproduktiv entgegenwirkt. Das Alter(n) erfährt eine augenscheinliche Aufwertung, indem ihm Jugendlichkeit, Erfolg, Aktivität oder auch Produktivität zugeschrieben wird. Zeitgleich gehen damit implizit auch Themen wie Passivität, Hochaltrigkeit, Erfolglosigkeit oder Inkompetenz einher. Im Rahmen einer gegensätzlichen Normativiät erfolgt ein Ausschluss und eine Abwertung der ‚anderen', nicht erwähnten Seite (vgl. Pichler 2007, S. 74). Aus dieser Perspektive werden die ‚positiven' Altersbilder als Zwang gelesen. Es besteht eine Gefahr, dass Menschen, die im Alter freiwillig oder unfreiwillig nicht aktiv sind, moralische Abwertung erfahren. Ein diskursiver Zwang, der ein dauerhaftes Aktivsein fordert, führt dazu, dass unproduktiven, abhängigen und passiven Menschen Raum entzogen wird.

Um nun zu analysieren, was geschieht, wenn es die ‚anderen Räume', in denen die allgemeingültigen Normen nicht gültig sind oder der Anspruch der Geltung dieser eingeklammert wird, nicht gibt, soll Foucaults Ansatz einer Heterotopologie verdeutlichen. Im Rahmen dieses Buches nutze ich Foucaults Ansatz der Heterotopien bzw. der „anderen Räume" lediglich als Werkzeug, um den Forschungsstand der Altersbilder aus einem anderen Blickwinkel zu betrachten, aber nicht als vergleichende Analyse des Konzepts mit unterschiedlichen Disziplinen und ihren Wirkungen. Nachfolgend liegt der Fokus der Auseinandersetzung auf einer (Hetero-)Topik des Alter(n)s.

Heterotopien sind „wirkliche Orte, wirksame Orte, die in die Einrichtung der Gesellschaft hineingezeichnet sind, sozusagen Gegenplatzierungen oder Widerlager, tatsächlich realisierte Utopien, in denen die wirklichen Plätze innerhalb der Kultur gleichzeitig repräsentiert, bestritten und gewendet sind, gewissermaßen Orte außerhalb aller Orte, wiewohl sie tatsächlich geortet werden können" (Foucault 1992, S.39).

Das Konzept der Heterotopien lädt dazu ein, institutionelle Orte näher zu betrachten, die bestimmten Regeln unterliegen und deren Adressat*innen strenger Kontrolle unterworfen sind. Hierbei handelt es sich um Orte, an denen Verhalten, das von einer herrschenden Norm abweicht, lokalisiert und ritualisiert wird. Sie erhalten ihren Platz an den Rändern der Gesellschaft (vgl. Foucault 1966 [2021], S. 12). In unserer modernen Gesellschaft werden Heterotopien dieser Art von Foucault als Abweichungs- oder auch Krisenheterotopien bezeichnet. Nach Foucault sind sie grundlegend für jede Gesellschaft und gewährleisten ihr Fortbestehen, indem sie ihr Struktur verleihen, sie ordnen und Kontrolle über die Mitglieder ausüben. Abweichendes Verhalten oder abweichende Personen werden ausgesondert oder bestraft. Besonders bekannte Abweichungsheterotopien sind das Gefängnis und die Psychiatrie. Wieder andere Heterotopien ermöglichen durch ihr Anderssein, dass existierende Normen reflektiert und problematisiert werden oder Widerspruch erfahren.

Erstmals wurde der Begriff der Heterotopien 1967 in einem Vortrag von Foucault erwähnt. In den Sozial-, Kultur- und Geisteswissenschaften werden die ‚Heterotopien' vielseitig debattiert. In Foucaults Vortrag beschreibt er Heterotopien als Orte, die zum einen im Widerspruch und zum anderen in Verbindung mit anderen Orten stehen (vgl. Burghardt et al. 2018, S. 7). Widerspruch und Verbindung zeigen sich hierbei in Neutralisierung, Umkehrung oder Suspendierung. Nach Foucault müssen solche Orte real und damit ein Teil des institutionellen Bereichs der Gesellschaft sein, weil sie sonst Utopien wären (vgl. Foucault 1984/2020, S.935). Durch Heterotopien werden Grenzen im sozialen Raum gezogen, die relational sind. Zeitgleich stehen sie jedoch nie absolut außerhalb dessen. Foucault spricht hier von „tatsächlich verwirklichte[n] Utopien" (ebd.). Dieser Gedanke Foucaults ähnelt dem hegelianischen Denken. Danach verweisen Utopien in einer spezifischen Negation des Bestehenden auf etwas, das fehlt oder möglich wäre. Burghardt et al. stellen hierbei in Frage, ob verwirklichte Utopien tatsächlich existieren. Die Gemeinsamkeit beider Modelle liegt darin, dass sie bestehende Verhältnisse in Frage stellen und nicht einfach anerkennen. Foucault formuliert sechs grundlegende Aspekte, um Heterotopien zu analysieren:

1. In jeder Gesellschaft werden Heterotopien hervorgebracht. Sie bilden nach Foucault eine Konstante aller Gruppen menschlichen Daseins. Heterotopien sind in ihrer Form äußerst vielfältig. Foucault beschreibt hier den Wandel von Krisen- zu Abweichungsheterotopien. Erstere wurden von letzteren nach und nach immer mehr ersetzt. Für Foucault bedeutet dies, dass Menschen, deren Verhalten von der Norm oder vom Durchschnitt abweicht, ihren Platz „an den leeren Stränden" (Foucault 1966 [2021], S. 12) erhalten, also an den Orten, die von der Gesellschaft an ihren Rändern unterhalten werden. An dieser Stelle nennt er neben psychiatrischen Anstalten und Gefängnissen die Altersheime. Er beschreibt, dass in unserer Gesellschaft das Nichtstun schon fast als Abweichung betrachtet wird. „Eine Abweichung, die als biologisch bedingt gelten muss, wenn sie dem Alter geschuldet

ist, und dann ist sie tatsächlich eine Konstante, zumindest für alle, die nicht den Anstand besitzen, in den ersten drei Wochen nach der Pensionierung an einem Herzinfarkt zu sterben." (ebd., S.13).

2. Heterotopien, die bereits geschaffen wurden, können wieder aufgelöst werden und neue können erschaffen werden. An dieser Stelle diskutiert Foucault die zentrale Bedeutung des Friedhofs (vgl. Burghardt et al 2018., S.8).
3. An ein und demselben Ort werden durch Heterotopien verschiedene Räume zusammengebracht. Diese sind sonst nicht vereinbar. Als Beispiel nennt Foucault das Kino und den Garten. Das Kino selbst ist meist ein rechteckiger Saal. Man erblickt in ihm eine Leinwand, die zweidimensional ist. Auf diese wird ein dreidimensionaler Raum projiziert. Als ältestes Beispiel für eine Heterotopie konstatiert er den Garten, durch dessen Vegetation ein Mikrokosmos entsteht (vgl. Foucault 1966 [2021], S.14f.; Burghardt et al. 2018, S.8).
4. Heterotopien stehen in Verbindung mit bestimmten zeitlichen Brüchen. Nach Foucault sind sie mit Heterochronien verwandt. Hierbei erfolgt eine Unterscheidung in zeitliche und ewige Heterotopien. Ersteres umfasst beispielsweise Theaterstücke. Sie sind lediglich über einen begrenzten Zeitraum existent. Friedhöfe hingegen sind ewigkeitsorientierte Heterotopien. Orte, an denen die Zeit nicht mehr fließt.
5. Foucault zeigt an dieser Stelle auf, dass Heterotopien über Mechanismen der Öffnung und Schließung verfügen, durch die sie von den übrigen gesellschaftlichen Räumen isoliert werden. Ein heterotoper Ort kann nicht einfach betreten werden. Es gibt verschiedene Mechanismen der Öffnung und Schließung, die zu unterscheiden sind. Ein Subjekt kann durch einen direkten Zwang dazu gebracht werden eine Heterotopie zu betreten, zum Beispiel eine Justizvollzugsanstalt. Auch im Alltag nötigen uns strukturelle Zwänge, zum Beispiel, wenn wir uns in eine Warteschlange einreihen müssen. Im Kontext mancher Heterotopien bedarf es bestimmter Reinigungs- und Eingangsrituale, um eintreten zu dürfen (z.B. muslimisches Hamam). Auch viele weitere alltägliche Orte, wie beispielsweise Discounter, Umkleidekabinen oder Busse verfügen über eigene Öffnungs- und Schließungsmechanismen.
6. Abschließend zeigt Foucault eine illusionäre und eine kompensatorische Funktion von Heterotopien auf. Burghardt et al. vermuten, dass diese Funktionen bei Kunsträumen zentral sind - oder etwas alltäglicher – zum Beispiel auf einer Yacht oder in einer Quizshow (vgl. Burkhardt et al. 2018, S.8 f.; Foucault 1966 [2021], S.18f.)

Betrachtet man nun diese sechs Grundsätze, so fällt auf, dass das Alter von Foucault in archaischen Gesellschaften als Krisenheterotopie Beachtung findet. Gekennzeichnet sind diese durch verbotene, heilige oder privilegierte Orte, die nur Menschen zur Verfügung stehen, die sich einer Krisensituation biologischen Ursprungs befinden. Hier werden zum Beispiel besondere Orte für pubertierende Jugendliche, Frauen im Wochenbett oder menstruierende Frauen genannt. Im Hinblick auf die modernen Gesellschaften beschreibt Foucault den Wandel von Krisen- zu Abweichungsheterotopien. Er verweist auf eine schwindende Bedeutung von Krisenheterotopien. Zu den Orten der Abweichung zählt Foucault die Altenheime. Das Alter sei auch in modernen Gesellschaften weiterhin eine Krise, aber zeitgleich ebenfalls eine Abweichung, da in unserer Gesellschaft das Nichtstun schon fast als abweichendes Verhalten gilt (vgl. Foucault 1966 [2021], S.12f.). Durch die diskursive Verortung von Alter(n) als Abweichungs- und als Krisenphänomen wird auf Zweierlei verwiesen. Zum einen verweist es darauf, dass das Alter(n), trotz des Diskurses zur Optimierung des Alters, sowohl medizinisch als auch psychologisch nahegelegt als individuelles Krisenphänomen bestimmt und wirksam wird. Zum anderen wird auf eine allgemeingültige soziale Konstruktion des Alter(n)s durch den Ruhestand verwiesen, der gesetzlich geregelt ist. Nach Haller bildet das Alter, trotz einer heutigen Infragestellung der biologischen, sozialen oder psychologischen Definitionen des Alter(n)s, die es als Heterotopie und damit als ‚anderen Ort' markieren und es von einer Jugendphase sowie einem mittleren Alter abgrenzen, eine hartnäckige diskursive Differenzlinie. Sie zieht eine Differenz zwischen dem ‚normalen' erwachsenen Menschen und alten Menschen. Wäre diese Differenz nicht existent, so würde schon gar nicht mehr vom Alter gesprochen werden. Der Diskurs des Alter(n)s ist jedoch vielfältig und hat Konjunktur. Haller zufolge kann durch die Heterotopie des Alter(n)s bis heute eine starke performative Wirkung beansprucht werden. Sie ist jedoch weniger in Räumen zu verorten, die geographisch bestimmbar sind, sondern vielmehr im diskursiven Raum. Dieser bestimmt die Platzierungen der Menschen nicht weniger stark. In Bezug auf diese diskursive Grenzziehung verweist Haller auf Butlers Konzept des „Gender trouble" und beschreibt es als „Aging Trouble".

Nach Foucault ist das Alter im Kontext dieses Konzeptes ein Lebensraum oder eine Phase des Lebens, in dem allgemeingültige Normen für die mittlere Lebensphase, ungültig sind. Das Alter als Topos von Abweichung sei in modernen Gesellschaften von den Normen konzipiert, die ansonsten in einer Gesellschaft gelten. Im Vergleich zum restlichen übrigen Teil der Gesellschaft, Kranke und Kinder ausgenommen, sei den Alten das ‚Nichtstun' gestattet. Diese Abweichung von der Norm grenzt hierbei die ‚alten' Menschen vom

Rest der Gesellschaft ab. Dieser Topos des Alters als Abweichung wird in spätmodernen Modellen der Produktivität und Aktivität des Alters in Frage gestellt. Sie arbeiten (zudem) an der Abschaffung dieses Topos, weil es aus dieser Perspektive schwierig zu sein scheint, Menschen, die nicht auf dem Arbeitsmarkt integriert sind, gesellschaftlich anzuerkennen und Teilhabe zu ermöglichen. Innerhalb dieser Sichtweise erscheinen alte Menschen als „passiva der gesellschaftlichen Wohlfahrtsbilanz" (Lessenich et al. 2005, S.9).

Der Versuch das Alter(n) aufzuwerten, indem die ‚activa' betont wird, gilt es im Hinblick auf Integrationsbestrebungen zu betrachten. Im Rahmen dieser ‚Integration' unterliegt das Alter stetiger, Leistungsfähigkeit, Produktivität und Aktivität. Meyer Wolters verweist auf einen Prozess, in dem alte Menschen zunehmend und absehbar fremdbestimmt werden. Dieser wird durch den demografischen Wandel und seine Folgen beschleunigt (vgl. Meyer-Wolters 2004, S.96). In diesem Zusammenhang erwähnt Meyer-Wolters die „Narrenfreiheit der Alten" (ebd., S.85). Die Fremdbestimmung der Alten ziele darauf diese abzuschaffen, da sich eine zukünftige Gesellschaft diese nicht mehr erlauben könne, vor allem dann nicht, wenn sie gesellschaftlich keine Funktion erfülle (vgl. ebd., S.85). Nicht nur der funktionalen Freiheit von Künstler*innen oder Wissenschaftler*innen und der temporären Freiheit von Kindern und Jugendlichen sondern auch der „Narrenfreiheit des Alters" liegt eine wertvolle, gesellschaftliche Funktion inne. Dafür müsse sie allerdings in ihrer Besonderheit sowohl erkannt als auch erhalten und einer methodischen Zähmung unterzogen werden. Nach Meyer-Wolters liegt in der Narrenfreiheit des Alters das Potenzial Alternativen aufzuzeigen, die realitätsbezogen sind (vgl. Meyer.Wolters 2004, S.102). Dieses soll im Hinblick auf die Beratung über eine gemeinsame Zukunft genutzt werden (vgl. ebd., S.104).

Nachfolgend möchte ich die Vermutung aufstellen, dass in diesem Potenzial der Narrenfreiheit ein Widerlager im Sinne Foucaults liegen könnte. Sinnbildlich bildet die Narrenfreiheit im Alter auf einer sozialen Landkarte eine Gegenplatzierung zu den jenseits von ihr geltenden Normen.

An diesem anderen Ort werden diese Normen bestritten, gewendet und repräsentiert. Wenn nun also die ‚positiven' Altersbilder, die durch Aktivität und Produktivität geleitet werden, den (Hetero-)Topos des Alters als Nichtstun verdrängen, verliert sich nicht nur das Potenzial der Narrenfreiheit im Alter sondern auch die beschriebene Gegenplatzierung auf der sozialen Landkarte (vgl. Haller 2020/2011, o.S.). Im Rahmen von Literatur und Kunst erlangen die Alterstopoi eine besondere Funktion. Dadurch dass ältere Menschen jenseits des hektischen gesellschaftlichen Alltags abgebildet werden und eine Normabweichung dargestellt wird, kann eine ganz eigene literarische Faszination erlangt werden. Denn wenn das Alter in einer solchen Weise verortet wird, kann die Literatur sich einen ‚anderen Raum' eröffnen. Es handelt sich hierbei um einen Bereich, innerhalb dessen die üblichen Gesetze umgekehrt werden (vgl. Küpper 2009, S.222). Wird das Alter als Heterotopos betrachtet, so kann sich ein „resignifizierendes performatives" Potenzial eröffnen. Durch dieses wird es möglich geltende Normen kritisch zu hinterfragen und vielleicht sogar zu verschieben (vgl. Haller 2020/2011). Sobald das als kulturell konstruierte Topik verstanden wird, lässt es sich nicht mehr als naturgegebene Tatsache erkennen.

Ich möchte nun versuchen dieses Konzept auf das Thema des Buches zu übertragen. Nach Foucault handelt es sich bei Heterotopien um systematische Beschreibungen, deren Aufgabe in einer bestimmten Gesellschaft das Studium (die Analyse, Beschreibung) dieser verschiedenen Räume ist. Es wird möglich den Raum, in dem wir leben, mythisch und real zu bestreiten.

Wenn ich im Rahmen dieser Dispositivanalyse das Alter(n) als anderen Raum betrachte, versuche ich den Raum zu bestreiten und Umkehrungen, Unstimmigkeiten und Widerlager zu erkennen. Es wurde deutlich, dass das Altern in gewisser Weise als das ‚Andere' im Vergleich zu jung und aktiv konzipiert oder in Verhältnis gesetzt wird. Fraglich ist, was daran als gut und was als kritisch betrachtet werden kann. Was ist, wenn der Aktivitätsdiskurs dazu führt, dass das Altern als Heterotopos des Müßiggangs verschwindet? Sollte dieses gesellschaftliche Aufstoßen des Müßiggangs und Nichtstuns nicht ein Zeichen sein, dass die Aktivierungslogik als sehr extrem und nicht nur als positiv zu bewerten ist? Weist uns dann noch etwas daraufhin, dass es zum Aktivsein auch ein Gegenstück des Nichtstuns gibt, was legitim war? Läuft man nicht Gefahr, dass gesellschaftliche Normen einmal weniger hinterfragt werden? Wenn Altern nicht mehr naturgegeben ist und Funktionsverlust als Müßiggang abgetan wird, in welche Situation kommt die betroffene Person, die dem Aktivitätsparadigma nicht Folge leisten kann oder will?

Wenn das Altern universell gestaltbar wird, welche Potenziale bringt dies mit sich und welche Ungleichheiten? Wie steht es um die Chancengleichheit? Auch negative Altersbilder (Passivität, Funktionsverlust, Heteronomomie) können eine wichtige soziale Funktion haben: Ihnen wohnt ein performativer Effekt inne. Sie entlarven Illusionen von Autonomie auch für die anderen Phasen des Lebens! Also falsche Bilder von Autonomie. Heterotopoi eröffnen einen „Illusionsraum […], der den gesamten Realraum, alle Platzierungen, in die das menschliche Leben gesperrt ist, als noch illusorischer denunziert." (Foucault 1992, S.45)

Vielleicht kann durch eine Auseinandersetzung mit Foucaults Konzept der Heterotopie die im Verlauf der Buches beschriebene Aktivierung der Menschen hinterfragt werden und damit ebenso die augenscheinliche Autonomie und Freiheit, die doch immer mit einem Zwang einhergeht. Mit all diesen Fragen geht kein Anspruch auf eine Beantwortung einher. Ihr Ziel ist es zum Nachdenken anzuregen, aktuelle Diskurse kritisch zu hinterfragen und neue Fragen anzuregen.

5 Das aktive Alter(n) im Kontext der Sozialen Arbeit

Das Handlungsfeld der Sozialen Arbeit kann sich dem sozialen moralischen Aktivierungsparadigma nicht entziehen und wird mit der Prekarisierung von Lebenslagen älterer und altwerdender Menschen konfrontiert. Sozialarbeiter*innen treten in Kontakt mit Menschen, die sich in verschiedenen Lebenslagen befinden und sind in ihrem Auftrag in unterschiedlichen Ausmaßen in die Sozial(hilfe)politik der Kommunen und somit in sozialpolitische Prozesse der Entscheidung, Beratung und Umsetzung eingebunden. Innerhalb der Altenhilfe von Kommunen oder in unterschiedlichen Programmen werden Menschen im ‚dritten' Lebensalter, die sich in der nachberuflichen Phase des Lebens befinden, sozialarbeiterisch begleitet und es entsteht die paradoxe Situation, dass es zur Aufgabe der Sozialen Arbeit wird, zu organisieren eine gesellschaftliche Gruppe zu integrieren, die zuerst aus dem Erwerbsleben ausgegrenzt wurde und sich durch ein hohes Maß an Heterogenität kennzeichnet, das sich auch in einem sehr unterschiedlichen Bestreben nach ‚Integration' zeigt. Ich möchte anmerken, dass es viele Menschen gibt, die sich im Ruhestand nicht ausgegrenzt fühlen und die ‚freie' Zeit genießen und für sich sinnstiftend nutzen.

Die Soziale Arbeit trägt ihren Teil dazu bei, den Gegensatz zwischen einem aktiven und damit ‚guten' und einem nicht aktiven ‚schlechten' Altern zu konstruieren und zu reproduzieren.

Aner verweist auf die Gefahr, dass die Soziale Arbeit zu einer „Exklusionsverwalterin" von Menschen und Gruppen wird, deren Inklusion im Hinblick auf das, was im aktivierenden Sozialstaat aktuell als moralisch anerkannt und legitim gilt, wohl kaum erfolgen kann. In der Zusammenarbeit mit älteren Menschen, die in verschiedenen Bereichen benachteiligt werden, ist das Thema der Selbstbestimmung trotz in verschiedener Weise eingeschränkter Autonomie, etwas das innerhalb der Gerontologie vielseitig diskutiert wurde. Aner nennt hier beispielhaft das Projekt „neighbourhood"[6], innerhalb dessen die Forschungsgruppe mithilfe eines milieutheoretischen Ansatzes die Ressourcen von älteren Menschen untersuchte, die von Multimorbidität betroffen sind und in einem städtischen Quartier wohnen, das als unterprivilegiert gilt. Zudem interessierten sie sich für die strukturellen Barrieren und Chancen der Selbstbestimmung von älteren Menschen mit Pflegebedarf. Die Untersuchung zeigte, dass es für die älteren und benachteiligten Menschen schwieriger ist am Sozialraum teilzuhaben, sie sich aber dennoch nicht auf ihren

---

[6] Wissenschaftszentrum Berlin und Institut für Gerontologische Forschung Berlin, Forschungsverbund „Autonomie trotz Multimorbidität im Alter"

Pflegebedarf oder die Armut reduzieren lassen (vgl. Aner 2018, S.284f.). Es konnten auch bei ihnen sowohl milieuspezifische als auch persönliche habituelle Ressourcen entdeckt werden. Es zeigte sich jedoch, dass hierbei niederschwellige, ‚zugehende' Angebote aber auch unabhängige Beratungsstellen fehlten. Aner konstatiert, dass es ein hohes Maß an Durchsetzungskraft und vielfältiger Strategien bedarf, um die eigene Autonomie und ihre Potenziale im Fall der Pflegebedürftigkeit entgegen der Marktlogik des Pflegesektors zu vertreten und durchzusetzen, was wohl eher in gehobeneren Milieus möglich ist. Ressourcen der Individuen und die des Sozialraums interagieren miteinander, sodass es je nach Gegebenheiten zu vermehrten Möglichkeiten einer Kompensation oder auch zu deutlichen Einschränkungen der Autonomie kommen kann (vgl. Aner 2018, S.286).

Ein leitendes Ziel im Kontext der Sozialen Arbeit ist die Begleitung und Unterstützung von Menschen in sozialen Problemlagen. Dem sozialen Feld der Sozialen Arbeit liegt die Logik der Unterstützung und Hilfe zugrunde, auch wenn sie auf Hilfe zur Selbsthilfe zielt. Mittlerweile bilden Beratung und Prävention einen Teil der Sozialen Arbeit. Die Idee der Aktivierung ist hierbei nicht neu. Bereits seit der Aufklärung zielt die pädagogische Intervention darauf den einzelnen durch ein bestimmtes Maß der Fremdführung zur Selbstführung zu bewegen. Soziale Kompetenzen, soziale und gesellschaftliche Lebenspraxis sowie Autonomie sollen gefördert, erhalten und wiedererlangt werden.

Nicht selten wird angestrebt die Selbstständigkeit der Adressat*innen in problematischen Lebenslagen zu steigern. Strategien des Empowerment-Konzeptes, die auf die Aktivierung von Kompetenzen ausgerichtet sind, können als Programmatiken gelesen werden, die sich an der Förderung von Eigenständigkeit und Selbstakzentuierung orientieren. In den 1980er Jahren wurde das Bild der aktiven ‚Alten' vor dem Hintergrund der Aktivitätsthese zentral. Zuvor dominierte ein defizitäres Bild des Alter(n)s und die Soziale Altenarbeit fokussierte sich vor allem auf eine organisierte Geselligkeit. Im Verlauf der 1990er Jahre gewann das leitende Bild des aktiven und produktiven Alters im Zuge der Individualisierungsdebatte an Konjunktur. Grundlegend dafür war unter anderem ein kompetenz- und ressourcenorientierter Ansatz. Das Alter entwickelte sich zu einer gestaltbaren Aufgabe. In diesem Kontext ist auch die Soziale Altenarbeit nicht untätig und hat zum Ziel, subjektiv gelingende sowie befriedigende Lebensentwürfe von älteren Menschen zu fördern und zu ermöglichen. Nicht nur Autonomie und Kompetenz, sondern auch Produktivität, Lebenswelt und Biografie bilden die grundlegenden Kernelemente. Im Hinblick auf die Aktivierung von Kompetenzen und Orientierung an Autonomie ist es zentral zu intervenieren (Empowerment, Resilienzförderung) und nicht bloß gewähren zu lassen.

Hierbei geht es weniger darum Defizite zu kompensieren. Vielmehr sollen die Kompetenzen gefördert werden. In der Sozialen Altenarbeit zeigt sich ein Wandel von der versorgenden hin zu einer partizipativen und aktiven Altenarbeit. Dieser Paradigmenwechsel wurde unter anderem durch politische Programme gefördert (vgl. Schroeter 2013, S.10).

Für die Soziale Arbeit ist eine kritisch-reflexive Auseinandersetzung mit spezifischen Macht- und Herrschaftsverhältnissen unabdingbar, um sowohl Prozesse und Individuen in ihren Verhältnissen betrachten als auch das eigene Handeln, Konzepte und Theorien kritisch zu hinterfragen.

Bedeutend für das Grundverständnis der Sozialen Arbeit ist es das Soziale, also die Verhältnisse, zu betrachten und diese als eine die Profession auszeichnende Spezifik wahrzunehmen, um damit Verdinglichungen entgegenzuwirken. Es geht darum eine kritische Perspektive zu entwickeln, die gesellschaftliche Macht- und Herrschaftsverhältnisse hinterfragt, um das eigene Handeln und Kontexte zu reflektieren. Innerhalb der pädagogischen Handlungen ist zu fragen, inwiefern man selbst innerhalb in der Sozialen Arbeit als Schnittpunkt zwischen Betroffenen und Hilfeleistung Ungleichheitspotenziale reproduziert. Handle ich noch im Sinne der Adressat*innen und deren Verständnis eines gelingenden Lebens?

Welche institutionellen Bedingungen, Aktivierungslogiken oder therapeutisierenden Perspektiven prägen mein Handeln? Inwieweit entferne ich mich von den Interessen der Adressat*innen, um sie zu „normalisieren" und anzupassen?

Eine Pflicht und zeitgleich auch eine Möglichkeit der Sozialen Arbeit ist es, die eigenen Paradigmen kritisch zu hinterfragen. So kann beispielsweise gefragt werden, wie die geläufigen und professionellen Ansichten und Vorstellungen über Adressat*innengruppen entstehen. Hierzu gehört es auch zu hinterfragen, welche eigenen Ängste und Sorgen oder auch Befürchtungen ich selbst als Sozialarbeiter*in in Bezug auf das Alter(n) in mir trage und in welcher Form sie sich ausdrücken. Durch welche fachlichen Werte werden ältere Menschen zu einer Risikogruppe, bei der es gilt, das Aktivsein zu fördern und Inaktivität zu verhindern? Bereits seit den 1980er Jahren werden im Bereich der Sozialen (Alten-)Arbeit partizipative Konzepte und Methoden genutzt, weil finanzielle Ressourcen und Zugänge zu diesen nicht nur im wissenschaftlichen und kommunalpolitischen Kontext in Form verschiedener Programme in zunehmender Abhängigkeit zu der Partizipation der Adressat*innengruppen stehen, sondern auch Wissenschaftler*innen und Menschen aus der Praxis davon überzeugt sind, dass sie richtig sind. Fraglich ist in diesem Zusammenhang welches Verständnis von Partizipation vorliegt. Was verwirklichen die Sozialarbeiter*innen in der Zusammenarbeit mit älteren Menschen und welche partizipativen Stufen sollen oder können erlangt werden? Können die älteren Menschen mitentscheiden, werden sie lediglich informiert, zählt das, was sie sagen oder haben sie Möglichkeiten der Selbstverwaltung? Wie steht es um die Transparenz von Entscheidungen oder Prozessen und erfolgt eine Instrumentalisierung der älteren Menschen? Von Bedeutung ist eine kritische Soziale Arbeit, die eigene Verstrickungen, emotionale Widerstände und normative Annahmen hinterfragt und reflektiert. Eine bohrende, aber wichtige Reflexionsfrage ist, inwiefern man selbst im Hinblick auf die eigenen Handlungen und Produktionen von Wissen dazu beiträgt die Betroffenen in die aktiven oder auch ‚guten' Alten und den ‚Rest' binär zu codieren? Aner verweist darauf, dass man im Hinblick auf Zweckrationalität immer möglichst kritisch und misstrauisch sein sollte. Es sollte nicht vergessen werden, dass Wissenschaftler*innen und Praktiker*innen verantwortlich über altersbezogene Aussagen sind. Diese können als wahr gelten und auf mächtige Weise richtiges und falsches Alter unterscheiden (vgl. Aner 2018, S.287f.).

6 Fazit und Ausblick

„Wir stehen selbst enttäuscht und sehn betroffen // Den Vorhang zu und alle Fragen offen." (Bertold Brecht 1997, S.294)

Nicht enttäuscht, aber betroffen mit zahlreichen offenen Fragen finde ich mich nun am Ende dieses Buches wieder. Aber sind es nicht genau diese reflexiven Fragen, die zum weiteren Denken anregen, inspirieren und irritieren? Die Auseinandersetzung mit dem Dispositiv des Alter(n)s im Kontext eines aktivierenden Sozialstaates und die Wirkung der sich bedingenden und verflochtenen Elemente im Hinblick auf die (Re-)Produktion von Ungleichheitspotenzialen und sozialer Ausschließung führte allerdings nicht nur zu Fragen, sondern zu vielseitigen Erkenntnissen, der Entdeckung von Zusammenhängen sowie Konfliktverhältnissen und einer Irritation, die mich mein pädagogisches Handeln in Frage stellen ließen. Nachfolgend möchte ich mich resümierend mit der zu Beginn gestellten Fragestellung auseinandersetzen.

Zu Beginn wurden diesem Buch folgende Fragestellungen zugrunde gelegt:

1. Welche Elemente beinhaltet das Alter(n)sdispositiv und in welchem Verhältnis stehen diese zueinander?
2. Inwiefern bestimmt diese Verflechtung diskursiver Elemente alltägliche Praktiken, die das Denken, Wollen, Fühlen sowie Handeln gegenüber dem Alter(n) prägen und soziale Ausschließung (re)produzieren?

Das erste Kapitel konnte zeigen, dass die Entwicklung vom Wohlfahrtsstaat zum aktivierenden Sozialstaat mit einem ökonomischen Paradigmenwechsel einherging, der sich maßgeblich auf Arbeits-, Lebens- und Produktionsverhältnisse auswirkte. In einer neuen Steuerungslogik des Sozialstaates werden die Menschen zu Unternehmer*innen ihrer selbst und für ihr Leben in Eigenregie verantwortlich gemacht. Es zeigt sich eine neue Form der Regierung, bei der Formen von Selbst- und Fremdführung verschmelzen. Durch Anreizstrukturen sollen die Individuen dazu gebracht werden zu wollen, was sie sollen und dies als freiwilligen Wunsch zu empfinden. Aufgaben und Leistungen der sozialstaatlichen Versorgung werden zunehmend in den Handlungsbereich der Individuen verschoben und privatisiert. Aus einer Politik der Verhältnisse wird eine Politik des Verhaltens, ohne dabei die verschiedenen Voraussetzungen zu beachten, in denen die einzelnen leben. Jede*r ist ihres*seines Glückes Schmied und für Gesundheit, Krankheit, Glück und Wohlbefinden verantwortlich.

Erst mit der Entwicklung hin zu einem aktivierenden Sozialstaat wurden die älteren Menschen im Ruhestand als ‚günstige' Ressource wiederentdeckt und dazu aufgerufen ihren Beitrag zu leisten und die Folgen des demografischen Wandels zu bekämpfen. Was die Menschen in ihrem vorherigen Leben geleistet oder durchlebt haben, hat hierbei wenig Bedeutung. Sie wirken als ideale Ressource, um die Lücken des Versorgungssystems, beispielsweise in der Kinderbetreuung- oder Pflege Angehöriger auszugleichen. Oft wird vor einer Instrumentalisierung der Älteren als Reserve-Armee gewarnt, aber ist es nicht genau das, was allzu oft geschieht? Zugespitzt wirkt es so, als solle der Mensch bis ans Ende seines Lebens arbeiten oder sich im Alter mindestens in Form eines bürgerschaftlichen Engagements produktiv für die Gesellschaft einsetzen, um dann im besten Falle kurz nach Renteneintritt zu sterben, um die Kassen nicht zu belasten. Die leitenden Motive des Neoliberalismus bleiben nicht der Ökonomie verhaftet, sondern bestimmen die Vergesellschaftungs- und Subjektivierungsweise.

Im Rahmen der Analyse gewählter Elemente des Alternsdispositivs konnte gezeigt werden, dass die verschiedenen Elemente ineinander übergehen, einander bedingen und in ihren Verflechtungen betrachtet werden müssen. Besonders deutlich wurde, dass die Altersbilder in der Gesellschaft maßgebend durch die Wissenschaft geprägt werden und sich auf unseren Umgang mit dem eigenen und dem Alter(n) anderer auswirken. Durch die Betrachtung der verschiedenen Elemente des Dispositivs konnte das Verhältnis von Wissen und Macht veranschaulicht werden. Besondere Bedeutung erhält hier das wissenschaftliche Wissen, das beispielsweise aktiv an der Entstehung von Altersbildern beteiligt ist und aktiv auf die Konstruktion dieser einwirkt. In den Diskursen über das aktive, produktive und erfolgreiche Alter(n) wird ein bestimmtes Wissen in Diskursen formiert, das dann als allgemeingültiges Aussagesystem gilt. Mit Blick auf eine Wissens-Macht-Spirale bildet dieses Wissen die Grundlage für die Altenpolitik und eine Orientierung oder sogar leitende Motive für das pädagogische Handeln. Die Entstehung des Wissens führt unter anderem zu Interventionen in Form von Konzepten (Empowerment, Resilienz, Salutogenese) oder Studien, die wieder neues Wissen hervorbringen, das wieder neue Handlungsspielräume hervorbringt. Das wissenschaftliche Wissen bildet die Grundlage dafür, wie Menschen gefördert oder therapiert werden.

Foucaults Erkenntnis, dass Dispositive nicht nur das Gesagte, sondern auch das Ungesagte beinhalten, weckt in mir die Kritik, dass zwar die Aktivierung des Alters im Fokus steht, aber defizitäre oder negative Altersbilder kaum Beachtung finden.

Das Dispositiv verstanden als Antwort auf eine gesellschaftliche Notlage oder historisch spezifische Situation könnte darauf hinweisen, dass die sozialpolitischen Aktivierungslogiken und Anreizstrukturen als Operatoren für die Lösung gesellschaftlicher Probleme fungieren. Problematisch ist nur, dass dabei die Konflikte auf gesellschaftlicher Ebene auf das Individuum verlagert werden, indem es dazu angerufen wird sein Leben aktiv, vorsorgend und verantwortungsvoll selbst in die Hand zu nehmen.

Deutlich wird, dass insbesondere Wissensbestände, die die Herrschaft stabilisieren, in diesem Fall die Logiken des aktivierenden Sozialstaates, diskursiv und im Dispositiv (re)produziert werden. Der in den Altenberichten dargestellte Perspektivenwechsel vom wohlverdienten Ruhestand hin zum Aufforderungsparadigma macht dies sehr deutlich. Im Fünften und Sechsten Bericht wird die Verantwortung der Individuen betont. Eine Thematisierung der Schwierigkeiten des Alter(n)s oder der Alternativen zum aktivierten Alter(n) scheinen aus Perspektive der sozialstaatlichen Aktivierungslogiken nicht zuträglich, da sie wenig dazu beitragen, dass die Individuen ‚freiwillig' wollen, was vom Staat angestrebt wird: (Selbst)Optimierung, Leistungsfähigkeit, Gesundheit, Fitness sowie verantwortungsvolle Selbst- und Fremdsorge. Im Rahmen der Auseinandersetzung mit den verschiedenen Diskursen über das aktive, produktive, erfolgreiche, aber auch abhängige Alter(n) wurde deutlich, dass in unserer Gesellschaft eine Differenzierung zwischen ‚alt' und ‚jung' existiert. Zeitgleich werden die ‚Alten' selbst in ‚junge' Alte und ‚alte' Alte unterteilt. Als ‚normal' und erstrebenswert gelten die Leitbilder eines ‚jugendlichen' Alterns.

Ich finde den Gedanken Foucaults zum Alter(n) als Heterotopie interessant. Das Altern wird als anderer Raum verstanden, in dem Müßiggang akzeptiert wird. Gesellschaftliche Normen werden gespiegelt und/oder umgekehrt. Ich frage mich, ob es nicht auch entlastend wäre, wenn mich im Alter kein Aktivierungsparadigma bestimmen würde und ich meinen Körper nicht disziplinieren müsste, weil es natürlich ist, dass er altert? Wäre es nicht wunderbar in einer Gesellschaft zu leben, die nicht ausgrenzt, weil sie natürliche Grenzen anerkennt? Die Vorstellung zu altern, ohne dagegen ankämpfen zu wollen, scheint in einem aktivierenden Sozialstaat utopisch zu sein. Das wirkt bedrückend auf mich! Ich denke, dass es im Wesen des sich wandelnden Menschen liegt, dass er im Alter langsamer und weniger aktiv wird. Ich finde das in Ordnung!

Interessant wäre es infrastrukturelle Räume zu eröffnen, in denen sich Menschen sinnstiftend engagieren können, wenn sie es persönlich wünschen. Anerkennung und Zugehörigkeit sollten Menschen erfahren, weil sie Menschen sind und nicht, weil sie sich mit fast hundert Jahren noch engagieren. Als interessant erachte ich die Frage, ob die Heterotopie des Alterns als Müßiggang auch spiegeln könnte, dass die Welt durch die Digitalisierung zunehmend komplexer wird und auch neoliberale Prinzipien der Optimierung und Leistungssteigerung nicht dazu einladen, zur Ruhe zu kommen. Es ist nichts dagegen einzuwenden, dass Menschen sich um ihre Gesunderhaltung sorgen, sich engagieren und sich verantwortlich zeigen in dem Maße, wie sie es persönlich wünschen. Das Gefühl für die eigene Entscheidung sollte nicht durch eine subtile Fremdbestimmung verlorengehen.

Positiv stimmt mich, dass Diskurse einem stetigen Wandel unterliegen und darin auch die Chancen für Veränderungen zu finden sind. Eine kritische Wissens-Macht-Spirale in Gange zu halten und unsichtbar gewordene Macht- und Herrschaftsverhältnisse transparent zu machen, halte ich für sinnvoll. Es ist besser einmal mehr Kritik zu äußern, als Verhältnisse unreflektiert hinzunehmen, auch wenn man dabei aneckt oder irritiert. Auf die Makroebene einzuwirken, halte ich für schwierig. Auf der sozialen Mikroebene sehe ich aber sehr wohl einen gestaltbaren Handlungsspielraum, der bestenfalls auch Auswirkungen auf die Makroebene hat. Veränderungen beginnen oft im Kleinen, weshalb ich im Folgenden einige anregende Impulse für den Kontext der Sozialen Arbeit formulieren möchte.

Allein die Annahme, dass Gegebenheiten unserer sozialen Umwelt durch unsere Wahrnehmungsprozesse nie vollständig erfasst werden können, sondern immer unserer Interpretation unterliegen und damit im Verständnis blinde Flecken aufweisen, impliziert für mich die Notwendigkeit, sich selbst und die strukturellen Verhältnisse zu hinterfragen. Dazu gehören für mich auch die Beziehungen, die Konflikte und die Ambivalenzen in der Zusammenarbeit mit den Adressat*innen. Darüber hinaus gilt es für zu fragen, welche historisch spezifischen Situationen oder ‚Notlagen' dazu führen, dass bestimmte Diskurse vorherrschen und andere ausgeblendet werden.

Das Thomas Theorem kann auch als Sensibilisierung für das asymmetrische Machtverhältnis zwischen Sozialarbeiter*innen und Adressat*innen genutzt werden. So sehr wir doch anstreben einander auf Augenhöhe zu begegnen, bleibt es doch eine asymmetrische Beziehung.

Verliert man aus dem Blick, dass ein mehr oder weniger ausgeprägtes Abhängigkeitsverhältnis besteht, läuft man Gefahr dieses nicht zu reflektieren. „Wenn Menschen Situationen als real definieren, so sind diese in ihren Konsequenzen real" (Thomas & Thomas, übers. n. Neckel et al. 2010, S. 21). Wenn ich als Sozialarbeiterin unhinterfragt die Potenziale des Alter(n)s propagiere, weil ich diesen maßgebende Bedeutung zuschreibe, und damit einhergehend versuche meine Adressat*innen zu empowern und ihre Potenziale für sie und vor allem die Gesellschaft nützlich zu machen, ob sie wollen oder nicht, dann müssen sich nicht nur die Adressat*innen zu ihren Ressourcen bekennen und diese darlegen. (Wer denn noch?) Ich (re)produziere mit einem romantisierenden Blick auf das aktive, produktive und erfolgreiche Alter(n) Ungleichheitspotenziale. Das heißt meine Definition des aktiven Alter(n)s als einzig ‚gutes' Alter(n) geht nicht nur mit realen Konsequenzen und Wirkungen für meine Adressat*innen in der unmittelbaren Intervention einher, sondern führt auch dazu, dass ein ‚altes' Altern und all die Menschen, die dieser Aktivierungslogik aus verschiedenen Gründen nicht gerecht werden können oder wollen weiter in die gesellschaftlichen Randzonen rücken und ihr Verhalten als nicht der Norm entsprechend gedeutet wird.

Was kann ich also tun, um die Menschen, die mir im beruflichen Kontext der Sozialen Arbeit begegnen in ihrem Sein wahrzunehmen, ohne sie ausschließlich im Sinne der vorherrschenden Aktivierungslogiken normalisieren oder instrumentalisieren zu wollen? Ich selbst bin in subtile Mechanismen der Macht eingebunden, denen ich garantiert in einer gewissen Weise unterliege und deren Aufdeckung mir im Moment noch nicht möglich ist. Ich verfüge allerdings über einen bestimmten, wenn auch begrenzten Handlungsspielraum, den ich gestalten kann, obwohl dieser auch durch organisatorische Strukturen der Einrichtung geprägt ist. Angelehnt an Virginia Satirs (vgl. ebd.2004, S.27) fünf Freiheiten kann ich versuchen, die Adressat*innen dahingehend zu unterstützen zu sich selbst zu stehen. Als schwierig erweist sich, dass innerhalb der vorherrschenden Art der Regierung der wirkliche Wille eines Menschen oft kaum von subtilen Mechanismen der Macht, die auf Technologien des Selbst zurückgreifen und einen zugespitzt formuliert ‚gezwungenen' freien Wille hervorrufen zu unterscheiden sind. Ohne es in einen Bekenntnis- und Geständniszwang ausarten zu lassen, erachte ich es als sinnvoll die Adressat*innen zu ermutigen zu äußern, zu fühlen und zu denken, was sie wirklich möchten und nicht dem Folge zu leisten, was andere von ihnen erwarten.

Im Hinblick auf hochaltrige Menschen, die einen hohen Pflegebedarf haben oder denen es aus unterschiedlichen Gründen nicht möglich ist sich zu auszudrücken, gilt es, sie als Menschen mit einer Lebensgeschichte, mit Interessen und eigenen Vorstellungen wahrzunehmen. Die Vorstellung die dichotome Teilung in „alte Alte" und „fitte Alte", gutes und schlechtes Alter aufzulösen, ist interessant. Den Gedanken, dass kein Mensch nur abhängig und niemand nur autonom ist, finde ich bedeutend, weil er dazu beitragen kann einen Menschen würdevoll zu behandeln und ihn nicht zum Objekt zu machen.

Im Verlauf dieser Untersuchung ist deutlich geworden, dass die Perspektiven auf das Alter(n) sowohl in verschiedenen historischen Kontexten als auch aktuell ambivalent sind. Es zeigt sich nicht nur eine doppelte Differenzierung (jung-alt, ‚junge' Alte-,alte' Alte), sondern auch parallel bestehende konträre Bilder über das Alter(n) werden sichtbar. Trotz einer diskursiven Dominanz der ‚positiven' Altersbilder zeigt sich immer wieder eine dichotome Unterteilung in ein normales und pathologisches, produktives und unproduktives sowie aktives und passives Altern. Meines Erachtens ist es wichtig, eine gesellschaftlich negativ bewertete Sicht auf das Alter, die sich mit Ängsten, Prozessen des Abbaus oder Einsamkeit auseinandersetzt nicht unsichtbar werden zu lassen. Hierbei geht es nicht darum das Alter(n) ausschließlich mit Siechtum und Verfall in Verbindung zu bringen, sondern vielmehr darum zu stärken, dass es in Ordnung und sozial anerkannt sein sollte zu altern ohne etwas dagegen zu tun. Das Alter(n) ist natürlich, vielfältig und auch mit Hürden verbunden. Wenn die Attribute der Jugend zu Norm werden und man gesellschaftliche Anerkennung und Teilhabe nur dann erfährt, wenn man fit, aktiv, jung und gesund ist, dann wird Alter zu einem dringend zu vermeidenden Zustand. An den Rand der Gesellschaft rücken die Menschen, die diesen Idealen nicht gerecht werden können. Soziale Ausschließung und fehlende Anerkennung sind drohende Gefahren, die dazu führen sich durch verschiedene Körperpraktiken stetig selbst zu optimieren oder sein Alter zu maskieren.

Wie in einem Theaterstück wird das Alter auf unterschiedliche Weise inszeniert und maskiert. Fraglich bleibt, wie sich die Diskurse zukünftig entwickeln, welche Notlagen Antworten fordern und inwiefern sich dies auf die gesellschaftliche Wahrnehmung des Alter(n)s auswirkt. In diesem Buch wurde versucht neben dem Gesagten auch das Ungesagte, in den Hintergrund gerückte zumindest in Teilen auf der Bühne erscheinen zu lassen und sichtbar zu machen.

Eine gewisse Ohnmacht schwingt in dieser Arbeit mit, vielleicht auch Sorge, nicht weil das Alter(n) jeden von uns betrifft, sondern weil die Frage offen bleibt welchen Wert die ältere Generation in dieser Gesellschaft hat, und inwiefern man im Kontext nicht selten instrumentalisierender Aktivierungslogiken und eines bröckelnden Sozialleistungssystems von einem würdevollen Alter träumen kann?

Literaturverzeichnis

Abrams, Dominic/Swift, Hannah J. (2012): Ageism Doesn't Work. In: Public Policy and Aging Report. 22 (3), S.3-8.

Amann, Anton (2000): Umwelt, Mobilität und Kompetenz im Alter. In: Amann, Anton (Hg.): Kurswechsel für das Alter. Wien, S. 105–119.

Aner, Kirsten (2018): Lauter „aktive Alte" – wer interessiert sich für den „Rest"?. In: Anhorn, Roland/ Schimpf, Elke/ Stehr, Johannes/ Rathgeb, Kerstin/ Spindler, Susanne/ Keim, Rolf (Hg.): Politik der Verhältnisse - Politik des Verhaltens. Widersprüche der Gestaltung Sozialer Arbeit. Wiesbaden: Springer VS, S. 277-290.

Anhorn, Roland/Balzereit, Marcus (2016): Die » Arbeit am Sozialen « als » Arbeit am Selbst « – Herrschaft, Soziale Arbeit und die therapeutische Regierungsweise im Neo-Liberalismus: Einführende Skizzierung eines Theorie- und Forschungsprogramms. In: Anhorn, Roland/ Balzereit, Marcus (Hrsg.): Therapeutisierung und Soziale Arbeit. Wiesbaden: Springer VS. S.3-203.

Anhorn, Roland/Schimpf, Elke/Stehr, Johannes (2018): Politik der Verhältnisse - Politik des Verhaltens: Widersprüche der Gestaltung Sozialer Arbeit. Einleitende Anmerkungen zum Thema des Bundeskongresses Soziale Arbeit 2015. In: Anhorn, Roland/ Schimpf, Elke/ Stehr, Johannes/ Rathgeb, Kerstin/ Spindler, Susanne/ Keim, Rolf (Hg.): Politik der Verhältnisse - Politik des Verhaltens. Widersprüche der Gestaltung Sozialer Arbeit. Wiesbaden: Springer VS, S.1-17.

Becker, Susanne (2018): Sprechgebote. Wie das Sprechen über Sprache soziale Ungleichheiten reproduziert. Wiesbaden: Springer VS.

Brecht, Bertold (1997): Der gute Mensch von Sezuan, Epilog (Der Spieler). In: Ausgewählte Werke in sechs Bänden. Zweiter Band: Stücke 2. Frankfurt am Main: Suhrkamp Verlag, S. 294.

BMFSJ (Bundesministerium für Frauen, Senioren, Familien und Jugend) (2001): Dritter Bericht zur Lage der älteren Generation in der Bundesrepublik Deutschland. Alter und Gesellschaft. Berlin. Verfügbar unter: https://www.bmfsfj.de/resource/blob/95162/997d1a2221fd8acf30755cdbe5706852/prm-5008-3-altenbericht-teil-1-data.pdf [Abruf: 20.07.2022]

BMFSFJ (Bundesministerium für Frauen, Senioren, Familien und Jugend) (2005): Fünfter Bericht zur Lage der älteren Generation in der Bundesrepublik Deutschland. Potenziale des Alters in Wirtschaft und Gesellschaft. Der Beitrag älterer Menschen zum Zusammenhalt der Generationen. Berlin. Verfügbar unter: https://www.bmfsfj.de/blob/79080/8a95842e52ba43556f9ebfa600f02483/fuenfter-altenbericht-data.pdf [Abruf: 20.07.2022]

BMFSFJ (Bundesministerium für Frauen, Senioren, Familien und Jugend) (2010): Sechster Bericht zur Lage der älteren Generation in der Bundesrepublik Deutschland. Altersbilder in der Gesellschaft. Berlin. Verfügbar unter: https://www.bmfsfj.de/blob/101922/b6e54a742b2e84808af68b8947d10ad4/sechster-altenbericht-data.pdf [Abruf: 20.07.2022]

Bourdieu, Pierre (1983): Ökonomisches Kapital, kulturelles Kapital, soziales Kapital. In: Kreckel/ Reinhard (Hg.): Soziale Ungleichheiten. Soziale Welt Sonderband 2. Göttingen: Verlag Otto Schwartz, S.183-198.

Bröckling, Ulrich (2019). Das unternehmerische Selbst. Soziologie einer Subjektivierungsform (7. Aufl.). Frankfurt am Main: Suhrkamp.

Burghardt, Daniel/ Zirfas, Jörg (2018): Schiffe und Spiegel oder die pädagogischen Heterotopien der Erziehung und Bildung. Eine Einführung. In: Burghardt, Daniel/ Zirfas, Jörg (Hrsg.): Pädagogische Heterotopien. Von A bis Z. Weinheim Basel: Beltz Juventa, S.7-18.

Butler, Robert N. (1969): Age-ism: Another Form of Bigotry. In: The Geronotologist 9 (4), S.243-246.

Bührmann, Andrea D./ Schneider, Werner (2008). Mehr als nur diskursive Praxis? Konzeptionelle Grundlagen und methodische Aspekte der Dispositivanalyse. In: Historical Research, 33 (1), S. 108-141. Verfügbar unter: https://doi.org/10.12759/hsr.33.2008.1.108-141 [Abruf: 20.07.2022]

Denninger, Tina/ Dyk, Silke van/ Lessenich, Stephan/ Richter, Anna (2014): Leben im Ruhestand. Zur Neuverhandlung des Alters in der Aktivgesellschaft. Bielefeld: transcript [Gesellschaft der Unterschiede], Bd. 12.

Denninger, Tina/Schütze, Lea (2016): Alter(n) als Krankheit? Ein kritischer Blick auf die Biomedikalisierung des Alters. In: Anhorn, Roland/Balzereit, Marcus (Hrsg.): Handbuch Therapeutisierung und Soziale Arbeit. Wiesbaden: Springer VS, S.511-526.

Denninger, Tina/ Dyk, Silke van (2017): Muße, Zeitwohlstand und Langeweile im beschleunigten Kapitalismus. In: Endter, Cordula/ Kienitz, Sabine (Hg.): Alter(n) als soziale und kulturelle Praxis. Ordnungen – Beziehungen – Materialiäten. Bielefeld: Transcript Verlag, S.27-54.

Deutscher Berufsverband für Soziale Arbeit e.V. (2019): Erklärung des DBSH zur „Sozialen Arbeit für und mit alten Menschen" (Trierer Erklärung). Verfügbar unter: https://www.dbsh.de/media/dbsh-www/redaktionell/pdf/DBSH/2019/Erklaerung_Arbeit_mit_und_fuer_alte_Menschen_5_2019.pdf [Abruf: 20.07.2022]

Dingeldey, Irene (2006): Aktivierender Wohlfahrtsstaat und sozialpolitische Steuerung. Verfügbar unter: https://www.bpb.de/shop/zeitschriften/apuz/29901/aktivierender-wohlfahrtsstaat-und-sozialpolitische-steuerung/ [Abruf: 20.07.2022]

Duttweiler, Stefanie (2016): Nicht neu, aber bestmöglich. Alltägliche (Selbst)Optimierung in neoliberalen Gesellschaften. Verfügbar unter: https://www.bpb.de/apuz/233468/nicht-neu-aber-bestmoeglich-alltaegliche-selbstoptimierung-in-neoliberalen-gesellschaften [Abruf: 20.07.2022]

Dyk, Silke van (2007): Kompetent, aktiv, produktiv? Die Entdeckung der Alten in der Aktivgesellschaft. In: PROKLA Zeitschrift für kritische Sozialwissenschaft, 37. Jg. H. 1/2007, S.93-112.

Dyk, Silke van (2013): In guter Gesellschaft? Wandel in den Randzonen des Sozialen. Verfügbar unter: https://www.bpb.de/shop/zeitschriften/apuz/156766/in-guter-gesellschaft-wandel-in-den-randzonen-des-sozialen/ [Abruf: 20.07.2022]

Foucault, Michel (1966) [2021]: Die Heterotopien. Der utopische Körper. Zwei Radiovorträge. Frankfurt am Main: Suhrkamp Verlag, 5. Aufl.

Foucault, Michel (1977): Das Spiel des Michel Foucault. In: Defert, Daniel/ Francois, Ewald (Hrsg.) (2003): Schriften in vier Bänden. Dits et Ecrits. Band III. Frankfurt am Main: Suhrkamp Verlag, S. 391-430.

Foucault, Michel (1978): Dispositive der Macht. Über Sexualität, Wissen und Wahrheit. Berlin: Merve Verlag.

Foucault, Michel (1984): Von anderen Räumen. In: Defert, Daniel/ Francois, Ewald (Hrsg.) (2020): Schriften in vier Bänden. Dits et Ecrits. Band III. Frankfurt am Main: Suhrkamp Verlag, 2.Aufl., S. 931-942.

Foucault, Michel (1992): Andere Räume. In: Barck, Karlheinz et al. (Hg.): Aisthesis. Wahrnehmung heute oder Perspektiven einer anderen Ästhetik. Leipzig: Reclam.

Foucault, Michel (2020): Überwachen und Strafen. Die Geburt des Gefängnisses. Frankfurt am Main: Suhrkamp, 18.Aufl.

Fuchs-Heinritz, Werner/ König, Alexandra (2014): Pierre Bourdieu. Eine Einführung. Konstanz und München: UVK Verlagsgesellschaft mbH, 3.Aufl.

Göckenjan, Gerd (2007): Diskursgeschichte des Alters: Von der Macht der Alten zur ‚alternden Gesellschaft'. In: Fangerau, Heiner et al. (Hrsg.): Alterskulturen und Potentiale des Alter(n)s. Berlin: Akademie Verlag, S.125-140.

Haller, Miriam (2020/2011): Altersbilder und Bildung: Bildungstheoretische Überlegungen im Anschluss Michel Foucaults Konzept des Alters als Heterotopie. Verfügbar unter: https://www.kubi-online.de/artikel/altersbilder-bildung-bildungstheoretische-ueberlegungen-anschluss-michel-foucaults-konzept [Abruf: 20.07.2022]

Jessop, Bob (1986): Der Wohlfahrtsstaat im Übergang vom Fordismus zum Postfordismus. In: PROKLA 16 (65), S. 4–33. Verfügbar unter: https://www.prokla.de/index.php/PROKLA/article/view/1357/1293 [Abruf: 20.07.2022]

Katz, Stephen (1996): Disciplining old age. The formation of gerontological knowledge. Charlottesville: Univ. Pr. of Virginia (Knowledge).

Keller, R. (2008). Diskurse und Dispositive analysieren: die wissenssoziologische Diskursanalyse als Beitrag zu einer wissensanalytischen Profilierung der Diskursforschung. In: Historical Social Research, 33(1), 73-107. Verfügbar unter: https://www.ssoar.info/ssoar/bitstream/handle/document/19108/ssoar-hsr-2008-no_1__no_123-keller-diskurse_und_dispositive_analysieren.pdf?sequence=1&isAllowed=y&lnkname=ssoar-hsr-2008-no_1__no_123-keller-diskurse_und_dispositive_analysieren.pdf [Abruf: 20.07.2022]

Kessl, Fabian (2005a). Der Gebrauch der eigenen Kräfte. Eine Gouvernementalität SozialerArbeit. Weinheim und München: Juventa Verlag.

Kessl, Fabian (2005b). Soziale Arbeit als aktivierungspädagogischer Transformationsriemen. In: Dahme, Heinz-Jürgen/ Wohlfahrt, Norbert (Hrsg.): Aktivierende Soziale Arbeit- Theorie – Handlungsfelder – Praxis, S. 30-42.

Kessl, Fabian./ Otto, Hans-Uwe (2009): Soziale Arbeit ohne Wohlfahrtsstaat. Kessl, Fabian/ Otto, Hans-Uwe (Hrsg.): Soziale Arbeit ohne Wohlfahrtsstaat? Zeitdiagnosen, Problematisierungen und Perspektiven. Weinheim und München: Juventa Verlag, S. 7-21.

Küpper, Thomas (2009): „'...die alten Möbeln ihrer Kammer'. Alterstopoi in Storms ‚Marthe und ihre Uhr' und in ‚Immensee'. In: Elm, Dorothee/Fitzon, Thorsten/Liess, Kathrin/Linden, Sandra (Hrsg.): Alterstopoi. Das Wissen von den Lebensaltern in Literatur, Kunst und Theologie. Berlin/New York: De Gruyter, S.221-228

Lemke, T. (2007). Gouvernementalität und Biopolitik. Wiesbaden: VS Verlag für Sozialwissenschaften.

Lemke, Thomas (2008): Gouvernementalität und Biopolitik. Wiesbaden: VS Verlag für Sozialwissenschaften, 2.Aufl.

Lessenich, Stephan (2005): verdienter Ruhestand.. passiva der gesellsch. Wohlfahrtsbilanz S.9

Lessenich, Stephan/Otto, Ulrich (2005): Zwischen ‚verdientem Ruhestand' und ‚Alterskraftunternehmer'. Das Alter in der Aktivgesellschaft – eine Skizze und offene Fragen zur Gestalt eines ‚Programms' und seinen Widersprüchen. In: Otto, Ulrich (Hrsg.): Partizipation und Inklusion im Alter – aktuelle Herausforderungen. Jena: Garamond, S.5-18.

Lessenich,Stephan/ Dyk, Silke van(2009): Ambivalenzen der (De-)Aktivierung: Altwerden im flexiblen Kapitalismus. WSI-Mitteilungen. S. 540-546. Verfügbar unter: https://www.wsi.de/data/wsimit_2009_10_van_dyk.pdf [Abruf: 20.07.2022]

Lessenich/Stepan (2018): Doch die Verhältnisse, sie sind nicht so. Zwischenbetrachtungen im Prozess der Aktivierung. In: Anhorn, Roland/ Schimpf, Elke/ Stehr, Johannes/ Rathgeb, Kerstin/ Spindler, Susanne/ Keim, Rolf (Hg.): Politik der Verhältnisse - Politik des Verhaltens. Widersprüche der Gestaltung Sozialer Arbeit. Wiesbaden: Springer VS, S.21-33.

Mann, Kristina (2015): Bilder des Alter(n)s - Der metaphorische Charakter des „Seniorentellers" im Schnittbereich von Gerontologie und Soziolinguistik. In: Schulz-Nieswandt, Frank (Hrgs.): Anthropologisch orientierte Forschung zur Sozialpolitik im Lebenszyklus. Band 8. Berlin u.a.: LIT Verlag.

Meyer-Wolters, Hartmut (2004): Altern als Aufgabe – oder wider die Narrenfreiheit der Alten. In: InitiativForum Generationenvertrag (Hrsg.): Altern ist anders. Münster: LIT, S.85-104.

Neckel, Sighard/ Mijic, Ana/ Scheve, Christian von/ Titton, Monica (Hg.) (2010): Sternstunden der Soziologie. Wegweisende Theoriemodelle des soziologischen Denkens. Frankfurt/ New York: Campus Verlag.

Pichler, Barbara (2007): Autonomes Alter(n). Zwischen widerständigem Potential, neoliberaler Verführung und illusionärer Notwendigkeit. In: Aner, Kirsten/Karl, Fred/Rosenmayr, Leopold (Hrsg.): Die neuen Alten – Retter des Sozialen. Wiesbaden: VS Verlag, S.67-84.

Pichler, Barbara (2010): Aktuelle Altersbilder: „junge Alte" und „alte Alte". In: Aner, Kirsten/Karl, Ute (Hrsg.): Handbuch Soziale Arbeit und Alter. Wiesbaden: VS Verlag, S.415-425.

Rau, Alexandra (2016): Die Regierung der Psyche – Psychopolitik und die Kultur des Therapeutischen in der neoliberalen Gesellschaft. In: Anhorn, Roland/Balzereit, Marcus (Hrsg.): Handbuch Therapeutisierung und Soziale Arbeit. Wiesbaden: Springer VS, S.647-666.

Satir, Virginia (2004): Mein Weg zu dir. Kontakt finden und Vertrauen gewinnen. München: Klösel-Verlag.

Schroeter, K. R. (2008). Korporales Kapital und korporale Performanzen im Alter: der alternde Körper im Fokus von "consumer culture" und Biopolitik. In: Rehberg, K.-S. (Hrsg.): Die Natur der Gesellschaft: Verhandlungen des 33. Kongresses der Deutschen Gesellschaft für Soziologie in Kassel 2006. Teilbd. 1 u. 2. Frankfurt am Main: Campus Verl., S.961-973. Verfügbar unter: https://nbn-resolving.org/urn:nbn:de:0168-ssoar-152977 [Abruf:20.07.2022]

Schroeter, Klaus R./ Künemund Harald (2010): „Alter" als soziale Konstruktion – eine soziologische Einführung. In: Aner, Kirsten/Karl, Ute (Hrsg.): Handbuch Soziale Arbeit und Alter. Wiesbaden: VS Verlag, S.393-401.

Schroeter, Klaus R. (2013): Aktives Altern: Die Produktion des zuverlässigen und flexiblen Menschen. In: SuchtMagazin 2013/2, S.9-12.

Spetsmann-Kunkel, Martin (2013): Was ist Neoliberalismus? – Konturen und Effekte einer Wirtschaftsordnung. Einleitende Bemerkungen. In: Spetsmann-Kunkel (Hrsg.): Soziale Arbeit und Neoliberalismus. Eine Tagungsdokumentation. Aachen: Katholische Hochschule Nordrhein-Westfalen, S.4-7.

Suck, Stephanie/Tinzmann, Beate (2005): Intergenerative Projekte in NRW. Bestandsaufnahme, Bewertung, Vernetzungs- und Qualifizierungsbedarf. Dortmund.

Thieme, N. (2017). Hilfe und Kontrolle. In: Kessl, F./Kruse, E./ Stövesand, S./ W. Thole, W. (Hrsg.): Soziale Arbeit – Kernthemen und Problemfelder. Opladen & Toronto: Verlag Barbara Budrich, S. 17- 24.

Vincent, John (2003): Old Age. Hoboken: Taylor and Francis (Key Ideas).

Zelinka, Jozef (2022): Regieren durch Vorbeugen: Eine kritische Analyse der Burnout-Prävention nach Michel Foucault.Edition Politik, 114). Bielefeld: transcript Verlag.

Sonstige Quellen:

https://www.bpb.de/nachschlagen/lexika/lexikon-der-wirtschaft/20176/neoliberalismus [Abruf: 20.07.2022]

https://www.bionity.com/de/lexikon/Bonner_Gerontologische_L%C3%A4ngsschnittstudie_%28BOLSA%29.html [Abruf: 20.07.2022]

https://www.mpib-berlin.mpg.de/forschung/forschungsbereiche/entwicklungspsychologie/projekte/berliner-altersstudien [Abruf: 20.07.2022]

https://www.siebter-altenbericht.de/ [Abruf: 20.07.2022]

https://www.bmfsfj.de/bmfsfj/service/publikationen/achter-altersbericht-159918) [Abruf: 20.07.2022]

https://www.bpb.de/kurz-knapp/lexika/politiklexikon/18385/utilitarismus/ [Abruf: 20.07.2022]